기술과 만남

기술과 만남

조홍길 지음

들어가는 말

오늘날 지구촌이 심상찮다. 전쟁이나 화산 폭발, 지진과 같은 자연재해로 지구촌이 심상찮은 게 아니라 인류가 스스로 이룩한 찬란한 문명에 의해 그렇다. 기후 변화도 심상찮고 경제적 위기도 그렇다. 게다가 인간의 크기에 비해 너무나 하찮은 바이러스가 변종을 일으켜 도시를 중심으로 인간을 급속도로 감염시킴으로써 지구촌 전체를 아수라장으로 몰아넣고 있다. 어처구니없게도 이 인공지능의 시대에 우리는 바이러스에 속수무책으로 당하고 있는 셈이다. 우리는 불안과 공포 속에서 사회적으로 격리당하고 있을 뿐만 아니라 그만큼 경제도 망가지고 있다. 그러나 이 변종 바이러스를 치료할 약도 아직 없고 효과적으로 대처할 방법도 별로 없다. 이대로 가다가는 인류 대멸종이 가시화되는 게 아닌가 하는 우려도 나오고 있다. 더 우려스러운 일은 앞으로 이와 유사한 위험이 반복될 수 있으며, 우리가 예상치 못한 다른 위험이 도사리고 있을지도 모른다는 것이다.

이런 우려 때문에 유튜브에서는 내셔널지오그래픽이 제시한 인류 멸망 시나리오들이 한때 많은 조회 수를 기록하였다. 이 인류 멸망 시나리오들을 순위대로 나열하면 다음 10가지다: 1. 새로운 바이러스 생산의 위협—합성생물학, 2. 스스로 개선하고 향상하는 초지능기계, 3. 전쟁으로 인한 위협, 4. 기후 재앙의 위험, 5. 인공 블랙홀, 6. 스스로 진화하는 변종 바이러스의 전파, 7. 외계인의 침입, 8. 화산 폭발, 9. 소행성과의 충돌, 10. 시공간을 초월한 가장 거대한 폭발(감마선 폭발).

7위부터 10위까지의 시나리오는 우리가 스스로 불러들인 재앙이 아니라 우리가 어찌할 수 없는 자연재해다. 그러나 1위부터 6위까지의 시나리오는 인류가 스스로 이룩한 찬란한 문명에 근거한다. 그리고 이 시나리오들은 언뜻 보아도 인류가 그토록 자랑하는 마법 같은 기술과 대부분 직접적으로 연계되어 있거나 그렇지 않더라도 간접적으로 연계되어 있다.

인류 멸망 시나리오 1위와 관련된 기술은 오늘날 유전공학과 생명공학의 발달에 힘입어 개발된 기술, 즉 유전자를 조작하거나 편집하는 기술이다. 특히 유전자 편집은 유전자 가위로 수행되는데, 최근에는 저렴하고 손쉽게 이루어질 수 있다. 이 기술이 생화학무기를 개발하기 위해서 또는 의학적 목적으로 바이러스에 적용되면 인간이 도저히 감당할 수 없는 치명적인 바이러스가 나올 수 있다. 이런 바이러스가 전쟁에 이용되지 않는다고 하더라도, 부주의하게 실험실 밖으로 유출되거나 사회 혼란을 유발하기 위해서

고의로 유출될 수도 있다. 2020년의 코로나 바이러스도 이에 해당한다는 의심을 받고 있다. 그리고 인간에게 유전자 편집 기술이 적용되면 유전적 질환과 같은 난치병 치료에 기여할 수는 있겠지만, 인간의 유전적 생태계를 크게 교란할 수도 있을 것이다.

인류 멸망 시나리오 2위와 관련되는 기술은 디지털 기술혁명에 따른 인공지능 기술이다. 인공지능 기술이 지금보다 더 발달하여 로봇이 스스로 목적을 설정할 수 있는 수준에 도달하면 그것은 인간의 조작을 벗어날 수 있을 것이다. 이러한 로봇은 인간을 훨씬 능가하는 능력을 지니며 인간을 파괴하고 지배하려 할 수 있을 것이다.

인류 멸망 시나리오 3위와 관련된 기술은 핵기술이다. 만일 3차 세계대전이 일어난다면 인류는 핵폭탄을 사용하여 서로 적을 제압하려고 할 것이다. 그렇게 되면 인류의 멸망은 불을 보듯 뻔한 일이 될 것이다.

인류 멸망 시나리오 4위와 관련된 기술은 석탄이나 석유 또는 천연가스를 에너지원으로 삼아 기계를 움직이는 기술이다. 이 기술은 주택의 난방, 자동차·비행기·배 등의 운행, 공장의 가동, 발전소의 전기 생산에 쓰이는 기술이다. 이 기술은 앞의 기술보다 훨씬 더 오래된 기술이며, 18세기 말에 온전한 형태를 갖추어 19

세기 산업혁명을 일으킨 증기기관에 연원을 둔다. 이 기술로 말미 암아 지난 2~3세기 동안 이산화탄소의 농도가 짙어져서 지구가 온난화되어 북극과 남극의 얼음이 급속도로 녹고 있다. 이런 현상 이 누적되어 기후 변화를 초래하였고, 이로 인해 지구촌은 지금 큰 곤욕을 치르고 있다.

인류 멸망 시나리오 5위와 관련된 기술은 물리학의 실험 기술 이다. 물리학자들은 물질의 비밀을 밝히기 위하여 거대한 입자가 속기에서 고에너지 입자 충돌을 실험하고 있다. 이러한 실험은 소 형 블랙홀을 만들어낼 수 있다. 그런데 이 소형 블랙홀이 사라지 지 않고 지구 중심으로 들어가면 지구를 빨아들여 해체할 수 있 다는 우려가 나오고 있다.

인류 멸망 시나리오 6위와 관련된 기술은 생태계를 파괴하는 모든 기술일 수 있을 것이다. 생태계가 자원 개발, 쓰레기 등으로 파괴되면 원숭이, 낙타, 박쥐 등의 야생동물에 기생하던 바이러스 가 변종을 일으켜 사람에게도 전염될 수 있다. 에이즈 바이러스, 에볼라 바이러스, 사스 바이러스, 메르스 바이러스, 코로나 바이 러스 등이 그런 바이러스이다. 이런 바이러스는 본래 동물에게만 전염될 수 있었다. 그러나 생태계가 파괴되면 바이러스가 살아남 기 위해 변종이 생기고, 이 변종이 사람에게도 전염된다. 이런 바이러스는 시간이 흐를수록 강력해질 뿐만 아니라 감염 속도도 빨라진다. 따라서 오늘날과 같이 이동이 원활하고 인구가 밀집된 시대에는 바이러스의 전염이 인류 멸망을 초래할 수 있을 것이다.

이 시나리오에는 포함되어 있지 않지만, 우주 쓰레기도 만만찮은 골칫거리다. 폐기된 중국의 우주정거장 톈궁이 지구로 최근에 낙하함으로써 우주 쓰레기에 대한 경각심이 커지고 있다. 20세기 중반부터 쏘아 올린 인공위성의 대부분이 작동을 멈추자 그 일부분은 폭파되기도 하고, 인공위성끼리 서로 충돌함으로써 엄청난 잔해가 만들어지고 있다. 이 잔해들이 우주 쓰레기가 되어 다른 인공위성이나 우주정거장을 위협하는 지경에 이르렀다. 이렇게 되면 인공위성을 통한 통신이 두절되어 GPS, 기상관측 등의 기능이 먹통이 될 뿐만 아니라, 우리가 늘 사용하는 휴대전화도 사용할 수 없게 되어 현대적 문명이 종말을 맞이하게 될지도 모른다. 청소 위성 등이 개발되었지만 아직 이 문제를 말끔하게 해결할 기술은 나오지 않았다.

기술이란 생산력을 획기적으로 증대하고 생활에 편의를 줄 수 있다. 그 반면에 기술은 재앙과 치명적 위험을 낳을 수도 있다. 이렇듯 기술에는 장단점이 있으며, 우리는 이를 기술의 사용 문제와 단순히 연계해서 고찰하곤 한다. 그러나 기술의 위험은 기술의 사용 문제와 단순히 연계되는 게 아닐 것이다. 핵기술을 나쁘게 사용하면 핵폭탄이 나올 것이고, 좋게 사용하면 원자력발전소에서 전기를 만들 수 있다. 그렇지만 핵폭탄만 위험한 것은 아니다. 후쿠시마 원자력발전소 사고를 떠올린다면 원자력발전소 자체도 위험하며, 더군다나 원자력발전소에서 배출되는 핵폐기물도 위험한 것이다. 이렇게 본다면 모든 기술이 다 위험한 것은 아니지만 그 자체로 위험한 기술이 있을 수 있다. 그렇다고 해서 우리가 기술의 발전을 멈출 수도 없다.

이런 맥락에서 서양의 많은 사상가가 기술의 문제를 다루었다. 여기서는 그 많은 사상가 중 마르크스, 하이데거, 시몽동, 라투르 등의 기술철학만을 살펴보고자 한다. 이 글은 기술철학사를 서술하려고 하는 게 아니라 기술철학을 통해서 동서사상의 만남을 주선하고자 하기 때문이다. 그리고 이들이 19세기와 20세기에 걸쳐서 등장한 대표적인 기술철학자들이며, 기술과 사회의 문제를 고민하고 기술발전의 미래가 낙관적인지 비관적인지를 깊이 사유하였기 때문이다.

마르크스는 기술을 노동수단이나 생산수단의 관점에서 이해함으로써 자본주의사회에서 기술이 어떻게 인간을 소외시키는지 폭로하였다. 이런 점에서 그는 기계의 자본주의적 사용을 비판하였다고 할 수 있을 것이다. 그럼에도 자본주의사회의 기계체계가 자본주의사회를 분쇄하고 새로운 사회를 낳음으로써 인간이 자연을 지배하고 정복하는 길을 열어준다고 그는 보았다. 따라서 그는 결국 기술의 미래를 긍정적으로 보았다고 할 수 있을 것이다.

마르크스와 달리 하이데거는 기술발전의 미래를 비관적으로 보았다. 그는 원자력시대의 기술은 단순히 위험한 것이 아니라 위험 자체라고 간주하였다. 그러면서도 그는 존재론에 입각해서 기술을 존재의 '탈은폐'로 해석함으로써 기술의 불가피성을 인식하였다. 그렇지만 원자력시대의 기술은 인간을 닦달하면서 닦아세우고 자연을 쥐어짬으로써 지구와 인간을 위험에 빠뜨린다고 그는 보았다. 마르크스와 달리 하이데거는 기술 문제를 해결하기 위해서 서양의 전통적 형이상학을 극복하고 존재의 사유로 회귀할 것을 요청했다.

시몽동은 하이데거와 달리 기술을 긍정적으로 보았으며 적극적으로 해석하였다. 그는 마르크스와 달리 기술이 인간적 목적에 봉사하는 게 아니라 기술 고유의 내적 논리에 따라 발전한다고 보았다. 그러면서도 그는 기술이 인간의 사회적 관계를 결정한다고 보지도 않았다. 기술은 인간과 자연을 매개하는 관계이므로, 기술과 인간이 공존하지 않을 수 없음을 그는 강조하였다. 그리하여 그는

'인간과 기술의 앙상블'이나 '기술적 앙상블'이라는 개념을 통하여 관계적 존재론(Relational Ontology)[1]을 제출하였다.

라투르는 시몽동의 기술철학에 영향을 받아 행위자-연결망 이론(Actor-Network Theory)이라는 관계적 존재론을 발전시켰다. 이 이론에서는 비인간인 기계도 인간처럼 행위자가 된다. 그리하여 기계는 인간과 얽히고설켜 상호의존하고 상호작용함으로써 인간은 기계와 동맹을 맺는다. 인간과 비인간의 이런 동맹이 기술을 보는 새로우면서도 올바른 관점이 될 수 있다고 그는 주장했다.

이들의 생각이 서로 다를 수 있지만 찬찬히 이들의 사상적 흐름을 살펴보면 점차 관계적 존재론으로 나아간다는 것을 우리는 알 수 있다. 마르크스는 자본주의사회에서 기계체계와 생산의 사회화를 보았고, 하이데거는 존재와의 관계에서 기술의 조직화를 지적하였고, 시몽동은 기술적 앙상블은 물론 인간과 기술의 앙상블을 강조하였으며, 라투르는 인간과 기계의 동맹을 지향함으로써 그들은 관계적 존재론에 점점 더 가까이 접근해갔다.

기술철학만이 관계적 존재론에 접근하고 있는 건 아니다. 기술

---

1) '관계의 존재론'이라는 용어를 본인이 『무아의 새벽』에서 처음 사용한 것으로 생각하여 조심스러웠으나 이 용어는 이미 기술철학은 물론 인류학, 사회학에서 사용되고 있었다. 그러나 원래 형이상학의 영역에서는 이런 용어가 없다. 단지 형이상학에서도 이 용어에 해당하는 내용은 고대부터 있었다. 따라서 용어가 그렇게 중요한 건 아닐 것이다. 그리고 여기서 '관계의 존재론'이라는 용어도 '관계적 존재론'이라는 용어로 통일하겠다.

에 의해서도 우리는 점점 더 관계적 존재론에 가까이 접근하고 있다. 관계적 존재론에 우리가 점점 더 가까이 접근하고 있는 가장 뚜렷한 기술의 예는 스마트폰일 것이다.

동양철학에서는 서양철학보다 관계적 존재론이 전형적으로 드러나 있다. 『주역』에서 64괘는 만사만물을 상징하면서도 서로 긴밀하게 연결되어 있다. 이런 연결망(Network)을 통하여 인간과 세계를 이해하려는 사상이 이미 『주역』에서 나온다. 불교의 화엄철학에 나오는 인다라망도 마찬가지다. 존재하는 모든 것이 상호의존하면서도 상호작용하고 있음을 인다라망은 잘 보여준다. 『화엄경 현담』에서 화엄철학자 징관은 스승의 설법을 듣고 있는 제자의 예를 스승의 마음 거울에 비친 제자가 그의 마음 거울에 비친 스승의 설법을 듣는 장면으로 해석하였다. 이는 오늘날 우리가 가상현실을 통해 맺는 관계를 보여주는 좋은 예라고 생각된다.

오늘날 기술은 관계적 존재론을 일깨우고 이 존재론은 우리에게 인간과 자연의 연대, 인간들의 사회적 연대를 다시금 일깨운다. 그러나 기술은 이런 연대를 파괴할 수 있는 위험도 함축한다. 그렇기에 우리는 신중하게 기술의 발전을 도모해야 할 것이다. 그러기 위해서 우리는 동양이 우월하냐 아니면 서양이 우월하냐를 놓고 다툴 게 아니라 동양적 지혜와 서양적 지혜의 만남을 주선

해야 하지 않을까 생각한다. 이 글의 목적이 바로 여기에 있다.

이 글은 기술결정론과 기술의 사회구성론의 장단점을 분석하고 비교하는 글이 아니다. 그러나 이 글은 기술을 다루는 글이기 때문에 이 이론들을 간단하게나마 언급하지 않을 수 없다. 기술결정론이나 기술의 사회구성론 어느 쪽도 완전히 옳다고 볼 수는 없다. 한편으로 기술은 그 나름의 고유한 논리를 갖고서 발전하며, 인간과 사회에 영향을 끼치고 충격을 준다. 다른 편으로 기술은 사회적 이해관계나 욕망 등에 의해 사회적으로 구성되고 있고 구성될 수 있다. 바꿔 말하면, 인간과 사회가 기술을 만들지만, 기술이 인간과 사회를 만들기도 한다. 그리하여 기술과 사회는 서로 긴밀하게 얽혀 있고, 따라서 기술결정론도 기술의 사회구성론도 기술을 위한 충분한 설명이 될 수는 없다.2) 그래서 이 글은 기술결정론이 옳은가 아니면 기술의 사회구성론이 옳은가라는 양자택일에 구애받지 않을 것이다. 오늘날 우리에게 긴요한 일은 현대적 기술이 야기한 절박한 위험에 맞서서 그리고 동서사상의 만남의 기회에 호응하여 우리가 근본적으로 어떤 삶의 철학과 방식을 선택해야 할 것인가를 탐구하는 것이다.

---

2) 이에 관해서는 브루노 라투르, 『인간·사물·동맹』, 홍성욱 엮음, 이음, 2018에 실린 홍성욱의 논문 「인간과 기계에 대한 '발칙한' 생각」을 참고하라.

차례

제2장 기술과 동서사상의 만남

제1장

서양의 기술철학

철학사와 과학사는 다르다. 과학사에서 이전의 과학은 새로운 과학에 자리를 넘겨주고 거의 폐기되거나 새로운 과학에 흡수되어버린다. 그렇게 과학은 발전한다. 과학철학자 쿤은 이것을 패러다임의 전환이라고 불렀다. 그러나 철학사는 그렇지 않다. 이전의 철학은 새로운 철학에 일시적으로 밀릴 수 있으나 새롭게 부활할 수 있다. 철학사에서는 영원한 승리나 패배가 있을 수 없다. 그렇기 때문에 철학사에서는 뒤집기와 비틀기가 성행한다. 소크라테스와 플라톤 이래의 서양철학이 그랬고 공자·석가·노자 이후의 동양철학이 그랬다.

그러나 이제 철학사에도 사정이 달라졌다. 19세기에 서양이 동양을 침략한 이후 서양문화가 동양문화를 압도하였지만, 서양문화의 한계가 21세기에 본격적으로 드러나기 시작했다. 생태계 파괴, 기후 변화, 핵전쟁의 위협, 변종 바이러스의 유행 등이 그렇다. 이제는 서양문화에 대한 새로운 반성과 동서사상의 진지한 사상적 교섭이 필요해졌다. 동서사상이 만남이 절실해졌다.

불문학을 전공한 다음 서양철학을 전공한 박이문은 동서사상을 섭렵하면서 이런 문제에 남다른 관심을 보였다. 그가 프랑스문학과 서양철학을 전공했으면서도 동양의 전통에 강렬한 열정을 지닌 한국인이었기 때문에 그랬을 것이다. 그는 동양적 사고와 세계 관에 바탕을 두고 동양과 서양이 만나야 할 것을 호소하였다.

그는 우선 「서구문화와의 만남」에서 다음과 같이 주장하였다.

> 서양문화의 최종적 결과로 맞게 될지도 모르는 인류의 종말과 지구의 재 난은 자연과의 생태학적 조화를 근본적 전제로 삼는 동양적 세계관에 의 해서만 피할 수 있거나 극복될 수 있을 것이다. 인류가 다음 세기에 수용 해야 할 사고의 패러다임, 즉 문화의 틀은 불교와 노장사상으로 대표되는 것이어야 할 듯싶다.[3]

더 나아가 그는 「인류의 미래와 동양사상」에서 동양과 서양이 만나지 않을 수 없으므로 과학기술의 발전도 동양적 가치와 세계 관에 비추어 신중하게 이루어져야 한다고 주장했다.

> 서구적 세계관을 답습하여 오늘날과 같은 방식으로 과학기술을 계속해서 이용할 때 원시안적으로 본 인류의 미래는 어둡기만 하다. 그러나 새로운 문명의 패러다임으로서, 한편으로는 동양적 세계관을 바탕으로 궁극적 가치를 선택하고, 다른 한편으로는 서양의 과학지식과 기술을 거시적이 고 원시안적인 현명한 안목에서 동양적 세계관에 비추어 최대한 효율적 이면서도 선택적으로 개발하고 활용한다면, 그때 비로소 인류의 미래에 희망을 걸 수도 있을 것이다.[4]

이런 제안은 얼핏 보기에는 19세기 조선에서 나온 동도서기(東 道西器)[5]론을 연상시킨다. 이 제안은 동양의 형이상학, 즉 도(道)

---

3) 박이문, 『동양과 서양의 만남』, 미다스북스, 2017, p.468.

4) 앞의 책, p.559.

5) 도(道)와 기(器)는 『주역』 「계사전」에 나오는 구절, 즉 "형이상의 것은 도라고 일컫고 형이 하의 것은 기라고 일컫는다(形而上者謂之道, 形而下者謂之器)"에 근거한다. 중국에서는 동

에 바탕을 두고 서양의 과학기술, 즉 기(器)를 받아들이자는 19세기 조선의 동도서기론과 공통된 맥락에 서 있다. 그러나 이 제안은 19세기 동도서기론에 완전히 들어맞지는 않을 것이다. 동양과 서양의 만남에 관한 19세기 동도서기론에 나타난 문제의식이 급박한 서세동점을 막기 위한 것이었다면, 이 제안의 문제의식은 지구적인 생태계를 지키기 위한 것이다. 그렇기에 그것들은 서로 차원이 다르다.

19세기의 동아시아, 특히 조선은 세계정세에 어두웠을 뿐만 아니라 서양을 너무나 몰랐다. 그 당시 조선은 서양문화에 비추어 동양문화를 보지도 못했고, 동양문화에 비추어 서양문화를 보지도 못했다. 그럴만한 역량도 없었고 준비도 되어 있지 못했다. 그 당시 조선은 서양사상에 무지한 채 동양의 전통적 지배 질서와 이 질서를 정당화하는 성리학을 고수하면서 서양의 과학기술을 받아들이려고 하였다. 그러나 그런 미약한 노력마저도 참담한 실패로 끝나고 말았다. 결국 조선은 일본 제국주의의 식민지가 되고 말았다. 이 식민지 시기를 건너뛰고 20세기 중반에 이르러서야 우리는 서양의 문물을 열심히 수용하여 기술의 발전을 꾀할 수 있었다. 그러나 21세기에 들어서자 서양문화의 한계가 서서히 우리에게 보이기 시작했고, 동양사상의 진가를 조금씩 깨닫기 시작했다. 박이문의 제안도 이런 배경에서 나온 것이라고 할 수 있을 것이다.

도서기를 중체서용(中體西用)이라고 불렀다.

이 제안은 일단 그럴듯하게 보인다. 그러나 동양과 서양의 만남은 해체를 통해 동서사상이 만남으로써만 실질적으로 이루어질 수 있을 것이다. 서양에서는 서양이 동양보다 우월하다는 서양중심주의가 여전히 완강하게 자리 잡고 있고 동양에서는 동양의 전통적 사상을 지키려는 고루한 훈고학적 흐름이 있기 때문이다. 그리하여 동서사상의 만남을 통해서 이런 서양중심주의는 물론 동양의 고루한 훈고학적 흐름을 해체하여 보편적 사상을 드러내는 작업이 필요하다. 그런데 이런 작업은 서양의 몫이라기보다는 동양의 몫인 것 같다.

동서사상의 만남이라고 할 때 '만남'의 의미를 잠깐 되새겨 보자. 우선 우리는 서로 공감대를 형성하려 하고 공통된 부분을 찾기 위해서 만난다. 그 반면에 우리는 서로 다르기 때문에 만나기도 한다. 서로 부족한 면을 보충하고 도움을 주고받기 위해 만나는 셈이다. '만남'을 이런 식으로 본다면 동서사상의 만남이란 동서사상의 보편적인 공통점을 찾아가는 작업이기도 하면서 동시에 동서사상이 서로 부족한 점을 보충하고 도와주는 작업이기도 하다. 동서사상의 만남이 함축하는 이런 맥락에서 마르크스, 하이데거, 시몽동, 라투르의 기술철학을 살펴보자.

1. 마르크스—인간 해방을 지향하는 기술

마르크스는 공산주의 혁명가이자 사상가이다. 하지만 동시에 그는 기술철학 분야의 선구자이기도 하다. 산업혁명이 한참 진행되는 와중에 태어나고 자란 그는 젊은 시절부터 기술에 깊은 관심을 기울였다. 청년 마르크스의 저작인 『철학의 빈곤』을 위시해서 『독일 이데올로기』, 『공산당 선언』 등에도 기술 문제가 언급되어 있다.6) 그뿐만 아니라 만년에 그는 기술사 강의를 듣는 등 기술 문제에 전념하기도 하였다. 그 결과 그는 만년의 연구 노트인 『정치경제학 요강 비판』에서 기술 문제를 좀 더 상세하게 다룰 수 있었다. 그리고 나서 그는 최종적으로 『자본론』의 15장 「기계와 대공업」에서 좀 더 체계적으로 기술을 자본주의와 관련하여 논하였다. 그러나 그의 주된 관심사는 인간 해방을 위한 공산주의 혁명이었기 때문에 그는 기술 문제를 한 권의 책으로 체계화해서 다루지는 않았다.

그럼에도 불구하고 그는 만년의 기술사 연구를 통해 기술의 긍정적이거나 부정적인 효과와 영향을 그 시대의 누구보다도 더 뛰어나게 인식하고 있었다. 그러나 그의 이런 인식의 바탕에는 인간

---

6) 마르크스는 『공산당 선언』에서 기술의 혁신이 자본주의사회 발전의 조건임을 천명하였다. "부르주아는 생산수단을, 따라서 생산관계를, 따라서 총체적인 사회적 관계를 끊임없이 혁신하지 않고서는 생존할 수 없다. … 생산의 끊임없는 혁신, 모든 사회적 상태의 중단 없는 동요, 영구적인 불안과 선동은 다른 모든 시대를 압도하는 부르주아시대의 특징이다."(K. Marx, *Die Früheschriften*, Hrsg. S. Landshut, Kröner, 1971, p.528-p.529.) 『독일 이데올로기』에서도 기술이 역사적 진보의 주요한 요인임을 지적했다. "노예제도는 증기기관과 제니 방적기 없이는 폐지될 수 없으며, 농노제도는 향상된 농업 없이는 폐지될 수 없다."(K. Marx, *The German Ideology*, Progress Publishers, 1976, p.44)

이 자연을 지배하고 정복할 수 있고 그래야 한다는 서양철학의 사고방식이 깔려 있었다. 그도 자신이 살던 시대의 아들임을 면치 못했을 뿐만 아니라 서양철학의 울타리를 벗어날 수 없었기 때문일 것이다.

(1) 기술을 보는 마르크스의 관점—도구와 기계

몇백만 년 전 인간이 들판에서 돌도끼로 짐승을 사냥하고 부싯돌로 불을 지폈을 때부터 인간은 기술을 사용하였다. 그 뒤 인간은 대지에 정착하여 농사를 짓고 살았다. 농사를 짓기 위해서 인간은 소를 가축으로 길들여 소가 끄는 쟁기로 땅을 갈아 씨를 뿌리고 두레박으로 땅에 물을 대었다. 그뿐만 아니라 인간은 문자를 발명하여 의사소통을 원활하게 하고 기록을 남길 수 있었다. 게다가 생존과 건강을 위해서 의약을 개발하여 병을 치료하였고 인간이 편안하게 거주할 수 있는 집도 지었다. 전쟁을 위해서는 칼과 활 그리고 전차가 만들어졌고 승전을 축하하는 그림, 춤과 노래가 나왔다.

이 모든 게 기술에 속한다. 오늘날에도 생산적 기술, 경영적 기술, 행정적 기술, 교육적 기술, 의료적 기술, 예술적 기술, 정보통신기술 등 기술은 그 범위가 넓고 다양하다. 그렇지만 마르크스는 기술을 노동과 생산의 차원에서 유물론적으로 파악한다. 나머지 기술은 부차적인 것이다. 그래서 기술의 본질적 규정은 노동수단 내지는 생산수단이며, 기술은 주로 도구와 기계로 한정된다. 이런 점에서 기술은 "인간이 처음부터 의도된 대상 변화를 위하여 목적 지향적인 활동을 하면서 만들어내는 모든 인공적인 물질적 *사물들*"7)로 정의될 수 있을 것이다.

마르크스는 엥겔스의 영향을 받아 정치경제학을 본격적으로 탐구하기 전에 이미 헤겔의 제자였다. 그는 헤겔처럼 노동을 인간이 자기를 실현하는 인간적 도야 과정으로 보았다. 그러나 그는 관념론 철학자 헤겔과는 달리 유물론적으로 노동을 보았다. 그에 따르면 노동은 자연적 대상을 합목적적으로 변화시키는 실천적 활동이다. 이때 노동수단, 즉 기술이 인간과 자연을 매개하여 인간과 자연 사이에서 이루어지는 신진대사를 규제하고 조절한다. "노동은 무엇보다도 먼저 인간과 자연 사이에서 이루어지는 하나의 과정이다. 이 과정에서 인간은 자신과 자연 사이의 신진대사를 자기 자신의 행위에 의해 매개하고 규제하고 통제한다."8)

일반적으로, 우리는 기술을 단순히 도구와 기계로 환원하지 않는다. 그러한 기술의 정의는 기술을 너무 좁게 본다고 여기기 때문이다. 그래서 우리는 인간이 자신의 인간적 목적을 달성하기 위해 사용하는 기교나 활동 방식과 절차까지도 기술에 포함시킨다. 그렇지만 유물론자답게 마르크스는 기술이 본질적으로 노동수단

---

7) G. Klaus & M. Buhr(Hrsg.), *Philosophisches Wörterbuch*, Verlag das europäische buch, 1985, p.1209.

8) 칼 마르크스, 『자본론 I 상』, 김수행 역, 비봉출판사, 1992, p.225-p.226. "노동과정은 사용 가치를 생산하기 위한 합목적적 활동이며 인간의 욕망을 충족시키기 위한 자연물의 취득이며, 인간과 자연 사이의 신진대사의 일반적 조건이며, 인간생활의 영원한 자연적 조건이다."(앞의 책, p.233)

이나 생산수단에 한정된다고 보았다. 그러면 노동수단이란 무엇일까? "노동수단이란, 노동자가 자기와 노동대상 사이에 끼워 넣어 이 대상에 대한 그의 작용의 전도체로서 이용하는 물건[또는 여러 가지 물건들의 복합체]이다."9) 그리하여 그는 『자본론』의 제15장인 「기계와 대공업」의 서두에서 도구와 기계의 문제를 제일 먼저 다루었다.

도구와 기계의 차이는 무엇일까? 이 차이를 확실하게 알아야 19세기에 진행된 산업혁명을 제대로 이해할 수 있을 것이다. 이 물음은 언뜻 보기에 알쏭달쏭해서 확실한 답을 찾기 힘든 것처럼 보인다. 마르크스가 살던 시대에도 마찬가지였다.

도구는 단순한 기계이고 기계는 복잡한 도구라는 답이 그 당시에 나왔다. 그러나 자연은 눈에 보이는 정신이며 정신은 눈에 보이지 않는 자연이라고 정의하는 것처럼 이런 답은 순환적 정의에 불과하다. 마르크스는 이런 정의에는 역사적 요소가 빠져 있다고 비판하였다. 도구의 동력은 인간인 반면에 기계의 동력은 자연력이라는 답도 그 당시에 나왔다. 그러나 이런 답은 인간의 힘을 필요로 하는 기계도 있으며, 동물의 힘에 의존하는 도구도 있다는 사실에 의해 반박될 수 있다.

마르크스는 노동수단이 도구로부터 기계로 역사적으로 진화되었다고 보았다. 그러면서도 그는 기계가 동력기, 전동장치, 도구또는 작업기라는 세 부분으로 구성된다는 점에서 도구와 기계가

---

9) 앞의 책, p.227.

확실히 차이가 난다고 보았다. 동력기는 기계장치 전체에 에너지를 공급하는 장치이고, 전동장치는 운동을 조절하여 작업기에 전달하는 장치이며, 작업기는 인간의 도구에 상응하는 기계적 도구다. 기계의 이 세 부분 가운데 작업기의 발명이야말로 산업혁명의 출발점을 이룬다고 마르크스는 간주했다. 왜냐하면 기계의 작업기는 인간의 생리적 한계를 훨씬 넘어서 작동할 뿐만 아니라 물, 바람이나 증기와 같은 단 하나의 동력에 의해 움직이기 때문이다.

그런데 물과 바람은 기계를 작동시키는 동력으로서는 불안정하다. 바람은 항상 불지도 않고 변덕스럽다. 물의 흐름도 일정하지 않고 때때로 멈추기도 한다. 그렇기 때문에 풍차와 수차는 자연적 한계가 있다. 게다가 풍력과 수력은 인간이 완전히 통제할 수도 없었다. 그러다가 인간이 완전히 통제할 수 있음은 물론 이동이 가능한 최초의 원동기가 18세기 중엽에 출현하였다. 그것이 증기기관(Steam Engine)이었다. 이 증기기관이 19세기의 산업혁명을 촉발한 기술이었다. 이 기술은 그 당시로 볼 때 엄청난 기술이었다.

19세기 산업혁명을 촉발한 증기기관은 와트가 발명했다고 우리는 알고 있지만, 증기기관의 기원은 고대 그리스까지 거슬러 올라간다. 고대 그리스에서 헤론이라는 귀족이 재미 삼아 '에올리필'이라는 장치를 만들었는데, 그것이 증기기관의 기원이었다. "우리가 엔진이라고 부를 수 있을 만한 최초의 것은 기원전 2세기경 ... 고대 그리스의 헤론에 의해 사람들에게 알려진 에올리필일 것이다. ... 에올리필은 스팀이 내뿜는 힘으로 구체가 돌아가는 장치로, 헤론은 에너지를 이용하려는 것보다는 순전히 사람들의 호기심을 끄는 장난감으로 활용하였다."[10] 고대 그리스에서는 노예의 노동이 풍부했기 때문에 증기기관이 따로 필요하지 않아 실용화되지는 못하였다. 그래서 그 이후 오랫동안 완전히 증기기관은 망각되었다.

그러다가 17세기에 호수의 물을 퍼내거나 석탄 광산에 고여 있는 물을 빼내려는 용도로 증기기관이 다시금 고안되었다. 이때 사용된 대표적 증기기관이 뉴커먼의 증기기관이었다. 그렇지만 뉴커먼의 증기기관은 덩치도 컸고 열효율도 형편없었다. 증기기관을 만들려고 했지만 여러 번 실패했던 와트가 이 증기기관을 수리할 기회를 우연히 잡았다. 그는 이 증기기관을 개량해 응축기를 달아 열효율을 대폭 높이고 덩치도 상당히 많이 줄였다. 와트가 발명한 증기기관은 "석탄과 물을 소비해 스스로 동력을 생산하며, 그 힘을 인간이 완전히 통제할 수 있으며, 이동이 가능할 뿐 아니라 그 자체가 이동의 수단이며, 물레방아와 같이 농촌적이 아니며 도시적이며 … 그 기술의 적용이 보편적이고, 그 설치장소의 선정에서 지역적 사정들의 제약을 받는 일이 거의 없다."[11]

그리하여 증기기관은 대공업의 보편적 원동기로 자리 잡았고 이에 따라 기계적 생산이 가능해졌다. 이 기계적 생산에서 공장의 분업이 조직화되고 생산과정이 자동화되어 기계체계가 완성될 수

---

10) 김기태, 『엔진의 역사』, 지성사, 2020, p.16. 이 책은 서술이 좀 조잡한 데가 있지만 증기기관으로부터 로켓엔진까지 발전되는 엔진의 역사를 개관하기에는 도움이 된다.

11) 칼 마르크스, 『자본론 I 하』, 김수행 옮김, 비봉출판사, 2019, p.511.

있었다. "기계체계는, 직조업에서와 같이 같은 종류의 작업기들의 협업에 기반을 두거나 방적업에서와 같이 다른 종류의 작업기들의 결합에 기반을 두든, 한 개의 자동원동기에 의해 운전되자마자 그 자체가 하나의 큰 자동장치로 된다. … 작업기가 원료의 가공에 필요한 모든 운동을 인간의 협력 없이 수행하고 오직 노동자의 통제만을 필요로 하게 되면, 기계의 자동체계가 이루어진 것"12)이다.

증기기관이 공장의 생산방식을 변혁함으로써 면방적업의 생산 방식도 변혁하였다. 더 나아가 그것은 면방적업의 생산방식만 변혁한 게 아니라 다른 분야 공업의 생산방식도 연쇄적으로 변혁하였다. 면방적업의 변혁은 표백업, 날염업, 염색업에서 역학적·화학적 변혁을 일으켰고, 이러한 변혁은 운송수단과 통신수단의 변혁을 일으켰다. 증기기관이나 방적기, 기차와 철도, 기선과 같은 거대한 기계들을 기계로 생산하는 공업 분야가 탄생하지 않을 수 없었다. 그리하여 산업혁명은 공장의 분업만 조직화한 게 아니라 사회적 분업도 조직화하였다. 이와 같이 마르크스는 자본주의사회에서 기술이 생산의 사회화를 야기해 사회적 연결을 초래한다는 것을 분명히 인식하였다.

---

12) 앞의 책, p.516. 청년 마르크스는 이미 『철학의 빈곤』에서 도구로부터 기계의 자동체계로 발전되는 과정을 언급하였다. "기계는 노동도구들의 결합이지 노동자 자신을 위한 노동의 결합이 아니다. … 단순한 도구들, 도구들의 집합, 합성된 도구들, 오로지 손을 동력으로 삼아 인간에 의해 작동되는 합성된 도구, 자연력에 의해서 작동되는 이러한 도구들, 기계들, 하나의 원동기를 갖춘 기계체계, 하나의 자동적 원동기를 갖춘 기계체계—이것이 기계의 발전과정이다."(K. Marx, *Frühe Schriften* II, Hrsg. H. Lieber & P. Furth, Wissens chaftliche Buchgesellschaft, 1975, p.774)

마르크스는 산업혁명에서 기계체계를 중시했지만, 기계가 인간의 신체 기관과 도구를 대체하여 발전한 것이라고 여겼다. 다시 말하자면 그는 기계를 인간의 신체 기관과 도구의 연장으로 인식했다. "이 기계장치는 어떤 특수한 도구를 대체한 것이 아니라 사람의 손을 대체했으며 … 기계선반은 발로 움직이는 보통 선반의 거대한 재현이고 평삭기는 … 철을 가공하는 철제목수이며, 런던의 조선소에서 합판을 베는 도구는 거대한 면도칼이고, 재봉가위가 천을 베듯이 철을 베는 기계가위는 거대한 가위이며, 그리고 증기망치는 보통의 망치[그러나 토르도 휘두를 수 없을 무게를 가진 망치]를 가지고 작업한다."13) 마르크스의 이런 인식은 기술 발전의 역사적 발전에 바탕을 두고 있지만, 여전히 인간 중심적 사고에서 벗어나지 못했음을 잘 보여주고 있다. 그의 이런 인식은 19세기 산업혁명에만 타당할 것이다. 오늘날의 기술혁명에서는 기계가 인간을 본뜰 뿐만 아니라 거꾸로 인간이 기계를 본뜨는 지경에 이르렀다. 인간과 기계의 결합이 이루어지는 사이보그, 즉 인간과 기계의 잡종이 바야흐로 탄생하였다. 그리고 기술은 21세기에 들어서서 마법과 같은 힘을 발휘하여 인간을 환상의 영역으로 밀어 넣음으로써 인간 중심적 사고를 깨부수고 있다.14)

마르크스는 1차 산업혁명의 시기를 살면서 『자본론』을 썼다. 그렇기 때문에 19세기 말의 증기기관의 발전에 관해서 그는 아무

---

13) 칼 마르크스, 『자본론 I 하』, 김수행 옮김, 비봉출판사, 2019, p.520-p.521.

14) 오늘날의 눈부신 기술발전에 관해서는 제럴드 린치, 『내 손 안의 테크놀로지』, 김부민 역, 유재, 2019를 참조하라.

런 이야기도 할 수 없었다. 증기기관은 마르크스가 죽고 난 뒤에야 증기터빈으로 개량되어 화력발전소와 원자력발전소 등에서 오늘날에도 여전히 사용되고 있다. 그러나 마르크스가 목격했던 증기기관은 오늘날에는 벌써 사라지고 디젤엔진, 가솔린엔진, 제트엔진, 로켓엔진 등으로 대체되었다.

이와 같은 엔진의 발전은 에너지 문제와 직결되어 있다. 그는 자연력을 공짜로 이용할 수 있다고 생각했다.[15] 그렇기 때문에 그는 에너지 문제를 제기할 수 없었다. 그러나 자연력은 그의 생각과는 반대로 공짜가 아니다. 이것은 그가 살았던 시대적 한계일 수도 있고 그의 사상적 한계일 수도 있다.

(2) 기계의 자본주의적 사용

존 스튜어트 밀에 반대해서, 사람들의 수고를 덜어주는 것이 기계의 목적이 아니라고 마르크스는 「기계와 대공업」의 서두에서 잘라 말했다. 그러나 오늘날 우리가 흔히 사용하는 세탁기, 냉장고, 휴대전화 등과 같은 기계를 떠올린다면 그의 말은 이해하기 힘들어진다. 세탁기로 말미암아 가정주부들의 가사 노동이 대폭 경감되었고, 냉장고로 말미암아 우리는 음식을 오랫동안 보관할 수 있게 되었으며, 휴대전화로 말미암아 우리는 남들과 언제 어디서나 소통할 수 있게 되었다. 이 얼마나 편한 세상인가. 그렇다면

---

15) "생산과정에 적용되는 증기·물 등과 같은 자연력도 역시 아무런 비용도 들지 않는다."(칼 마르크스, 『자본론 I 하』, 김수행 옮김, 비봉출판사, 2019, p.522) 마르크스는 자연력의 사용으로 인간이 치러야 할 사회적 비용을 전혀 고려하지 않았다. 기술에는 공짜가 없다!

마르크스가 앞에서 한 말은 엉터리라고 단정할 수 있을지 모른다. 그렇지만 이러한 단정은 섣부른 판단에 불과하다. 마르크스에 따르면, 기계는 본질적으로 노동수단이나 생산수단을 가리키기 때문이다. 세탁기, 냉장고, 휴대전화 등은 본질적으로 노동수단이나 생산수단이 아니다. 그것들은 인간의 욕망을 충족시키는 소비재에 불과하다. 그리하여 여기서 우리는 노동수단이나 생산수단인 기계를 염두에 두면서 기계의 자본주의적 사용을 살펴보아야 할 것이다.

마르크스가 살았던 시대에도 기계의 사용이 사회적으로 문제가 되어 기계와 노동자 사이의 갈등이 심했던 모양이다. 그 대표적 예가 19세기 초반에 일어났던 기계파괴운동(Luddite Movement)이다. 기계, 즉 역직기가 자신들의 일자리를 빼앗아 빈궁의 나락으로 밀어 넣는다고 간주한 노동자들은, 기계를 파괴함으로써 자본주의에 저항하고 일자리를 지키려 하였다. 마르크스는 이 운동을 탐탁하지 않게 여겼지만, 이 운동에서 기계와 노동자의 경쟁 관계와 대립을 정확하게 인식하였다.

수공업에서는 도구를 다루는 노동자의 숙련된 기술이 중요하다. 그러나 자본주의 공업에서는 기계의 사용으로 말미암아 노동자의 숙련된 기술은 기계에 종속되는 단순노동으로 급격하게 대체되었다. 이제 노동자가 기계를 부리는 게 아니라 기계가 노동자를 부린다. 마침내 노동자는 기계의 하인이자 부속물로 전락한다. "매뉴팩쳐와 수공업에서는 노동자가 도구를 사용하지만, 공장에서는 기계가 노동자를 사용한다. ... 매뉴팩처에서는 노동자들은 하나의 살아 있는 메카니즘의 구성원들이지만, 공장에서는 하나의 생명 없는 기구가 노동자로부터 독립해 존재하며 노동자는 그것의 단순한 살아 있는 부속물이 되어 있다."16)

노동자가 기계를 사용하여 노동함으로써 그의 노동은 가벼워지겠지만 단조로워진다. 그의 단조로운 노동의 끊임없는 반복은 그의 신경계통과 근육을 피로하게 만든다. 그뿐만 아니라 생산비용의 절감을 위해서 공장에서 기계체계가 빡빡하게 가동됨으로써 산업재해의 위험도 커지고 노동자의 생명과 건강도 위협을 받는다.

> 빈틈없이 설치한 기계들은 계절처럼 규칙적으로 사망자와 부상자의 명단을 제공하고 있는데, 이런 생명의 위험 이외에도 인위적으로 만든 높은 온도, 원료의 먼지로 가득 찬 공기, 고막을 찢는 소음 따위로 말미암아 모든 감각이 손상된다. 공장제도에서 급속히 성숙되고 강화되는 사회적 생산수단 사용의 절약은, 자본의 수중에서는, 작업 중 노동자의 생명에 필요한 것들[즉 공간·공기·광선]을 체계적으로 빼앗아가는 것으로 변하며, 그리고 생명에 위험하고 또한 건강에 해로운 [생산과정의] 부수물들로부터 노동자를 보호하는 모든 수단—노동자의 편의시설은 말할 것도 없고—을 체계적으로 빼앗아가는 것으로 변한다.17)

마르크스가 부정적으로 묘사했던 노동 현장의 이런 사정이 19세기 영국 공장에만 국한된다고 여겨서는 안 되리라. 21세기 지구적 자본주의에서도 엄연히 이런 일이 일어나고 있다. 자본주의적 생산은 19세기와 21세기를 막론하고 기본적으로 이윤추구에

---

16) 칼 마르크스, 『자본론 I 하』, 김수행 옮김, 비봉출판사, 2019, p.570-p.571.

17) 앞의 책, p.575-p.576.

근거하고 있기 때문이다. 단지 이런 궂은일은 국내의 비정규직 노동자들과 아시아, 아프리카, 라틴 아메리카의 후진국 노동자들, 이 지역들의 이주민 노동자들이 떠맡고 있을 뿐이다. 이런 점에서 마르크스의 이 폭로는 오늘날에도 여전히 유효하다.

이리하여 공장에 기계가 본격적으로 도입됨으로써 노동자들은 생계를 위협받을 뿐만 아니라 생명과 건강을 잃을 위험도 안고 살아가지 않으면 안 되었다. 노동자들은 기계가 그들의 생계와 건강을 위협한다고 간주하여 강한 적대감을 드러내었다. 마침내 노동자와 기계의 싸움이 격화되고 사회적 문제로 대두되었다. 기계에 대한 노동자들의 반감을 누그러뜨리려 부르주아 경제학자들은 궤변을 늘어놓았는데, 이 궤변을 마르크스는 다음과 같이 소개하였다. "기계 그 자체는 노동시간을 단축시키지만 자본주의적으로 사용되면 노동시간을 연장시키며, 기계 그 자체는 노동을 경감시키지만 자본주의적으로 사용되면 노동강도를 높이며, 기계 그 자체는 자연력에 대한 인간의 승리지만 자본주의적으로 사용되면 인간을 자연력의 노예로 만들며, 기계 그 자체는 생산자의 부를 증대시키지만 자본주의적으로 생산되면 생산자를 빈민으로 만든다."18)

하지만 자본주의사회에서 기계 그 자체의 사용과 기계의 자본주의적 사용이 어떻게 분리될 수 있겠는가. 왜냐하면 기계는 자본주의사회의 출현과 더불어 비로소 사용되었기 때문이다. 그리고

---

18) 앞의 책, p.596-p.597.

자본주의적 생산과정은 노동과정이면서 동시에 자본의 가치증식 과정이므로, 기계의 도입에 따라 노동강도가 세지고 노동자들의 고용 불안정성이 심화될 수밖에 없을 것이다.

자본가들이 공장에 기계를 도입하고 자동화하려는 목적은 노동 생산성을 높여서 상품의 가격을 싸게 하려는 데만 있는 게 아니다. 그들은 자본에 대항하려는 노동자들의 기세를 꺾기 위해서도 기계의 도입과 자동화를 선호한다. 기계의 도입과 자동화로 말미암아 노동의 과잉인구가 발생해 산업예비군이 광범위하게 형성된다. 노동자들은 언제든지 손쉽게 다른 노동자들로 대체될 수 있으므로, 노동자들의 저항을 무력화시킬 수 있다.

자본주의사회의 기술발전이 진척됨에 따라 이 기술발전은 노동자가 어떠한 기술에도 적응할 수 있는 노동의 전환성, 노동자의 이동성, 기능의 유동성을 한편으로는 요구한다. 그러나 다른 한편으로는 자본주의적 생산형태가 이러한 요구를 막아선다. 이때문에 생긴 모순은 노동자들의 생계를 위협하고 그들을 불필요한 존재로 몰고 간다. "이 절대적 모순은 노동자 생활상태의 모든 평온·확실성·보장을 빼앗고, 노동자의 수중으로부터 노동수단과 함께 생활수단을 빼앗으려고 끊임없이 위협하며, 그리고 노동자의 부분기능을 폐지함으로써 노동자를 불필요한 존재로 만들려고 끊임없이 위협하고 있다. 더욱이 이 모순은 노동자계급의 끊임없는 희생, 노동력의 한없는 낭비, 사회적 무정부성의 파괴적 영향이라는 형태로 자기를 드러내고 있다."[19]

이와 같이 마르크스는 자본주의사회에서 일어나고 있는 기술의 부정적인 측면을 잘 묘사하였다. 그렇지만 그는 기술을 노동수단이나 생산수단에 초점을 두어 이해했으므로, 기술의 영향과 충격을 주로 노동과 생산 부문에서만 볼 수 있었다. 기술이 인간의 생활 여건과 생활 방식을 바꾸어 그의 생활 감각과 사고방식에 일반적으로 어떤 영향과 충격을 주는지에 관해서는 별로 주의하지 않았다.

(3) 기술─자연의 지배와 정복

마르크스는 기계의 자본주의적 사용이 초래하는 부정적 측면을 부각함으로써 자본주의사회의 모순과 병폐를 잘 드러내었다. 이 모순과 병폐를 기술과 관련하여 몇 가지 정리해보자. 첫째로, 기계의 도입과 자동화는 노동자의 일자리를 빼앗을 뿐만 아니라 노동자의 소외를 초래한다. 둘째로, 자본주의사회의 기술발전에 따라 기술적으로 요구되는 노동의 전환성, 기능의 유동성, 노동자의 전면적 이동성은 자본주의적 생산형태와 노동자의 경제적 상태와 모순된다. 셋째로, 자본주의적 생산은 인간과 자연의 물질대사를 교란함으로써 토지와 노동자를 동시에 파괴한다.

여기서 우리는 마르크스가 헤겔의 제자임을 잊어서는 안 된다. 그는 헤겔의 변증법을 능숙하게 자본주의 분석에 적용하였다. 다시 말해 그는 자본주의사회에서의 기술발전을 부정하면서 긍정하

---

19) 앞의 책, p.656-p.657.

고, 긍정하면서 부정하였다. 그는 기계의 자본주의적 사용이 초래하는 부정적 측면을 예리하게 지적하긴 했다. 하지만 그는 동시에 자본주의사회의 기술발전이 미래 공산주의사회를 위한 기술적 기초를 놓는다고 여겼다. 왜냐하면 자본주의적 생산은 이론과 실천이 결합된 기술교육을 요구함으로써 어떤 사회적 기능도 떠맡을 수 있는 전면적 인간의 탄생을 촉발할 뿐만 아니라, 각종 생산과정을 하나의 사회 전체로 결합하는 기술도 발전시키기 때문이다.

그는 자본주의사회의 기술발전은 인간을 자연으로부터 해방하는 게 아니라 도리어 인간에게 자연의 족쇄를 씌운다고 일단 보았다. 그러나 자본주의사회가 폐지되어 자유로운 개인들의 연합인 공산주의가 도래하면, 인간이 자연을 지배하고 정복하여 사회적 족쇄는 물론 자연적 족쇄도 풀 수 있다. 한편으로 계급적 지배와 분업의 족쇄가, 다른 한편으로 자연의 맹목적 힘에 휘둘리는 자연적 족쇄가 풀림으로써 공산주의사회에서는 인간 해방이 성취될 수 있다고 그는 낙관적으로 예상하였다. "이런 영역에서는, 자유는 다음 사항에서만 존립할 수 있다. 즉, 사회화된 인간, 연합된 생산자들은 인간과 자연의 물질대사를 합리적 방식으로 지배하여, 이 물질대사에 맹목적으로 휘둘리는 대신에 이 물질대사를 집단적으로 조절하며, 최소한의 에너지 지출로써 그리고 인간적 본성에 가장 어울리고 적합한 조건으로 이 물질대사를 완수한다."[20]

데카르트는 『방법서설』에서 인간이 물질의 힘과 작용을 수학적

---

20) K. Marx, *Capital* V.3, Trans. D. Fernbach, Penguin Books, 1981, p.959.

으로 잘 파악하여 자연의 주인과 지배자가 될 것을 주문하였다.[21] 철학사적인 큰 흐름을 볼 때, 마르크스가 데카르트의 신념을 그대로 받아들인 건 결코 아니지만, 인간이 자연을 지배하고 정복할 수 있다고 확신한 것만은 분명하다. 그는 여러 차례에 걸쳐서 인간이 자연을 지배하고 정복함으로써 인간 해방이 이루어질 수 있음을 강조하였다. 특히 그의 『정치경제학 비판 요강』이라는 연구 노트에서 분명하게 드러나고 있다.

> 노동자는 그가 산업적 과정으로 변형시킨 자연적 과정을 그 자신과 그가 지배해왔던 비유기적 자연 사이에 끼워 넣는다. 노동자는 더 이상 생산과정의 주역이 아니다. ... 이러한 변형에서 생산과 부의 대들보로서 나타나는 것은 노동자에 의해 수행되는 직접적 노동도 아니고 그가 노동하는 시간도 아니라 인간에 의한 그 자신의 일반적인 생산력의 전유, 자연에 대한 이해와 자연 지배이다. 한마디로, 사회적 개인의 발전이다.[22]

그러면 인간이 어떻게 자연을 잘 이해하여 지배할 수 있겠는가? 산업과 과학기술을 발전시킴으로써 인간은 그렇게 할 수 있을 것이다. 인간과 자연 사이에 삽입되는 기술에 의해 인간은 자연을 지배할 힘을 얻게 되는 셈이다.

> 자연은 기계들, 기관차들, 철도들, 전기적 전신들, 스스로 움직이는 방적기 등을 만들지 않는다. 이것들은 인간적 산업의 산물, 자연을 지배하려 하거나 자연에서 자신을 실현하려는 인간적 의지의 기관으로 변형된 자

---

21) 마르크스는 『자본론』에서 자연지배에 관한 『방법서설』의 한 구절을 인용하였다. 칼 마르크스, 『자본론 I 하』, 김수행 옮김, 비봉출판사, 2019, 주 27, p.527을 보라.

22) D. Mclellan, *Marx's Grundrisse*, Granada Publishing, 1979, p.165.

연적 물질이다. 그것들은 인간 손에 의해 창출된 인간 두뇌의 기관, 대상화된 지식의 힘이다.[23]

마르크스에 따르면, 일단 자본주의사회는 인간이 자연을 지배하고 정복할 수 있는 물적이고 지적인 기초를 놓는다. 그러나 자본주의사회가 인간과 자연 사이의 변증법적 관계를 왜곡하기 때문에 자연에 대한 인간의 지배를 방해한다. 그래서 자본주의사회에서는 인간의 자연 지배는 완수될 수 없고, 기술에 의한 인간소외가 나타나지 않을 수 없다. 다시 말해 자본주의사회에서 인간은 생산수단인 기계와 그들이 생산하는 상품에 예속될 뿐만 아니라 자본의 냉혹한 운동 법칙에 휘둘리기 때문에 자연을 지배할 수 있는 기술이 있어도 자연을 지배할 수 없다. 그러나 공산주의사회에서는 이러한 장애가 극복되고 인간의 잠재력이 충분히 발휘됨으로써 인간이 자연을 지배하여 이 세계를 인간적 세계로 만들고 자유를 실현할 수 있다.

마르크스의 이런 생각은 마르크스주의자들에게는 확고부동한 철칙이 되어버렸다. 영국의 마르크스주의자인 모리스 콘포쓰는 다음과 같이 교조적으로 그것을 되풀이한다. "공산주의사회에서는 인간 자유의 고도의 발전에 그들 자신의 사회적 조직이 부여하는 모든 장애물이 제거된다. 인간들은 아무런 장애 없이 이제 앞으로 나아가서 자연력을 인식하고 조절하여 하인처럼 부리고

---

23) 앞의 책, p.166.

자연과 협조하면서 … 세계를 인간적 세계로 만든다."[24]

그렇다면 과연 공산주의사회에서 인간의 자연 지배가 제대로 이루어졌는가? 20세기 후반 소련에서 발생한 체르노빌 원자력발전소 폭발과 21세기 초반 중국에서 발생한 우한 폐렴, 싼샤댐을 우리는 어떻게 설명해야 할까? 인간이 기술에 의해 자연을 지배하고 정복할 수 있다는 생각은 단순히 오만한 정도가 아니라 엄청난 재앙을 불러올 수 있음을 이 사건들은 대표적으로 잘 보여주고 있다.

셸링의 자연철학과 연관해서 마르크스의 인간과 자연의 변증법을 해석하려 했던 독일의 사상가 슈미트-코바르치크는 마르크스의 이 변증법에서 생태적 감수성까지도 읽어내려고 하였다. "마르크스의 텍스트들은 초기 저작부터 후기의 원고에 이르기까지 인간과 자연의 이중적 관계의 변증법을 아주 세련되게 표현한다. 더군다나 그 텍스트들은 그 당시에는 놀라운, 생태적 문제에 대한 감수성조차도 보여준다."[25] 그러나 이런 시도가 얼마나 의미가 있을까?

자본주의적 생산이 인간과 자연의 물질대사를 교란한다고 마르크스가 비판했을 때, 그는 어디까지나 자본주의사회에 한정해서 인간과 자연의 파괴를 언급했다고 보아야 할 것이다. 코바르치크는 인간과 자연의 이중적 관계의 변증법에서 인간의 자연화와 자

---

24) M. Conforth, *Historical Materialism,* Interntional Publishers, 1982, p.139.

25) W. Schmied-Kowarzik, *Das dialektische Verhältnis des Menschen zur Natur,* Alber, 1984, p.116.

연의 인간화를 통하여 인간과 자연이 통일될 수 있다고 마르크스의 이 변증법을 해석한다. 그렇지만 그는 기술에 의한 인간의 자연 지배를 전제하는 이러한 통일이 생태적으로 얼마나 정당한지를 충분히 고려하지 않고 있다. 이런 맥락에서 마르크스는 물론 코바르치크도 서양철학의 잘못된 자연관을 좀 더 세련된 꼴로 답습하고 있다고 할 수 있을 것이다. 비록 마르크스가 헤겔의 변증법을 비판적으로 계승하여 관계적 존재론을 받아들였다고 하더라도, 그가 현란한 언어로 포장한 인간의 자연 지배라는 이상은 그 무슨 의미가 있겠는가.

자연은 인간이 지배하고 정복해야 할 대상이 아니다. 게다가 인간은 자연을 지배하거나 정복할 수도 없다. 지배할 수도 없고, 지배해서도 안 되는 자연을 인간이 지배하려 할 때 큰 재앙이 생기는 법이다. 그리하여 자연은 우리가 이용하고 부려먹을 하인이 아니라 우리가 살아왔고 살아갈 터전이자 우리와 더불어 살아야 할 친구로 간주되어야 한다. 우리가 자연을 그렇게 생각하고 대할 때, 인간과 자연 사이의 교감도, 인간과 인간 사이의 사회적 연대도 제대로 이루어질 수 있을 것이다.

우스꽝스럽게도, 오늘날 전자현미경으로 봐야 겨우 볼 수 있는 코로나 바이러스에 온 세계가 곤욕을 치르고 경제는 망가지고 있다. 이 하찮은 바이러스를 잡을 기술도 없으면서 어떻게 자연을 지배하려고 하는가. 설령 이 바이러스를 잡는다고 하더라도 또 다른 예기치 않은 문제가 불거지지 않겠는가. 이것이 인간은 자연에 순응해서 자연과 조화를 이루어 살아가야 한다는 동양의 가르침이 오늘날 점점 더 힘을 얻는 이유일 것이다.

2. 하이데거—위험을 초래하는 기술

하이데거는 실존철학자로 명성을 떨치기 이전에는 후설의 지도 아래 현상학을 연구한 후설의 수제자였다. 그러나 그는 『존재와 시간』을 1927년에 출판함으로써 그를 향한 후설의 기대를 저버리고 현상학으로부터 실존철학으로 넘어가 버렸다.

그는 이 책에서 플라톤 이래 서양의 전통적 형이상학이 존재망각에 빠져 궁극적으로 존재자에 고착되어 있다고 비판하고 존재의 의미를 해명하려고 하였다. 그러나 실제로 이 책에서 존재의 의미를 직접적으로 해명하지는 못하였고, 존재 이해에 다가설 수 있는 유일한 존재인 인간의 실존론적 구조를 시간적인 지평 위에서 해명하였을 뿐이다. 그러다가 1930년대 후반에 들어서서 그는 존재 자체로부터 인간과 기술 등에 물음을 던지고 숙고하는 작업에 착수하였다. 그렇지만 그 뒤에 그는 존재의 의미를 결코 직접적으로 해명하지는 않았다.

그의 실존철학은 2차 세계 대전의 종식과 함께 서서히 그 영향력이 수그러들었다. 그러나 그의 후기 저작에서 제기된 기술에 대한 물음은 20세기 기술철학, 생태철학 등에 엄청난 영향을 끼쳤다. 게다가 그가 기술과 동행한다고 간주했던 서양의 전통적 형이상학에 대한 그의 비판은 20세기 말의 차이의 철학에 심대한 영향을 주기도 했다. 그런데 여기서 우리는 이러한 영향의 전모를 개관하기는커녕, 하이데거 철학의 전모도 개관하려고 하지 않을 것이다. 우리의 관심은 그의 기술철학에 있기 때문이다.

하이데거는 마르크스의 반대편에 서 있는 관념론 철학자라는 견해가 일반적으로 자리 잡고 있다. 그렇지만 이러한 견해가 전적으로 옳지는 않다. 하이데거가 『존재와 시간』에서 묘사한 평균적 속물의 타락한 삶의 양상은 마르크스가 폭로한 상품의 물신숭배, 더 나아가서 루카치가 비판한 물화된 삶과 상통하는 점이 있기 때문이다. 그리고 그가 지적하는 기술의 위험, 즉 자연과 인간을 대상화하여 부품으로 취급하는 기술의 위험도 마르크스가 『자본론』에서 폭로한 기계의 자본주의적 사용에 따른 인간의 소외 현상과 맞닿아 있기 때문이다. 이런 맥락에서 하이데거는 마르크스 못지않게 자본주의에 비판적인 철학자라고 할 수 있을 것이다.

마르크스는 자본주의사회의 운동법칙 아래에서 기술을 고찰하였던 반면, 하이데거는 존재의 역사에서 생기하는 형이상학의 존재망각과 관련하여 기술을 고찰하였을 뿐이다. 물론 그들의 철학은 분명히 상반된다. 그러나 그들은 기술에 관한 한 똑같은 현상을 서로 다른 관점에서 서술하고 있다고도 할 수 있겠다.

그럼에도 불구하고 그들 사이에는 자연을 보는 관점에 도저히 화해할 수 없는 사상적 요소가 있다. 이 사상적 요소는 자연의 지배와 정복에 관한 문제이다. 마르크스는 기술에 의한 자연의 지배가 바람직하며 공산주의사회에서 이루어질 수 있다고 보았다. 그 반면에 하이데거는 기술에 의해 자연을 지배하려는 서양의 근대적 형이상학은 세계를 파괴하고 대지를 황폐화하는 위험을 초래하므로 시와 예술에 의해 구원받아야 한다고 보았다.

하이데거의 『숲길』에 나오는 「세계상의 시대」와 그의 『강연과 논문』에 나오는 「기술에 대한 물음」은 그의 기술철학을 잘 보여주는 문건들이다. 그래서 여기서는 이 문건들을 중심으로 그의 기술철학을 살펴보겠다. 먼저 기술을 배태하는 근대적 사유의 본질과 한계를 살피고 난 뒤, 존재의 탈은폐 방식인 기술을 살펴보겠다.

(1) 근대의 본질과 형이상학

하이데거에 따르면 존재의 역사에서 플라톤 이래 서양의 전통적 형이상학은 존재를 망각하고 존재자(Seiende)를 장악하려는 잘못된 길에 들어서게 된다. 그 잘못된 길의 종착점이자 새로운 길의 출발점인 근대 형이상학에 이르러, 서양의 전통적 형이상학은 정점에 도달하기 시작했다. 그렇게 해서 자연이 황폐화되고 세계가 파괴되는 위험이 야기되기 시작했다고 그는 진단한다. 바꿔말해서 이런 위험은 그리스철학인 플라톤, 아리스토텔레스의 형이상학에서 싹이 텄고, 데카르트 이래 근대적 형이상학에서 그 절정에 도달한 셈이다.

하이데거의 이런 생각은 근대 이후 자본주의사회의 병폐를 잘못된 형이상학의 탓으로 돌리려는 시도일지도 모른다. 그러나 17·

18세기로부터 시작해서 19·20세기를 거쳐 21세기까지 일어난 자연 파괴와 생태계 교란의 위험은 너무나 심각해서 근대의 본질을 우리는 다시금 묻지 않을 수 없다. 이 위험의 탓을 단순히 자본주의에 돌리려는 시각은 더욱 근본적인 요인을 외면하는 피상적인 시각에 불과할 수 있기 때문이다. 바로 이런 맥락에서 하이데거는 존재사적 시각에서 서양의 전통적 형이상학 전체를 문제 삼고 특히 근대의 형이상학적 근거를 묻는다.26)

그는 근대의 본질적 현상이 ① 근대의 학문, ② 기계기술, ③ 예술이 미학의 시야 영역 속으로 들어오게 되는 과정, ④ 인간의 행위가 문화로서 파악되면서 수행된다는 사실, ⑤ 탈신성화 등으로 나타난다고 보았다. 여기서 그는 근대적 학문의 본질에 한정해서만 물음을 던진다. 만일 근대적 학문의 본질을 규정하는 형이상학적 근거가 파악될 수 있다면, 근대의 본질도 일반적으로 파악될 수 있기 때문이다. 그리고 근대의 두 번째 본질적 현상인 기계기술도 근대적 학문의 본질로부터 나온다. 그러므로 결국 근대적 학문의 본질에 관한 물음은 기계기술에 관한 물음을 함축하지 않을 수 없다.

그는 근대적 학문의 본질을 우선 연구(Forschung)에서 찾고 이 연구의 본질은 어디에 존립하는지 되묻는다. 이와 같이 본질을 파

---

26) 이러한 물음을 하이데거는 숙고(Besinnung)라고 불렀다. "스스로 의미 속으로 관여해 들어감, 이것이 숙고의 본질이다. … 그것은 물어봄직한 의문스러운 것에 이르는 초연한 내맡김(Gelassenheit zum Fragwürdigen)이다."(마르틴 하이데거, 『강연과 논문』, 이기상 외 옮김, 이학사, 2008, p.85)

고드는 하이데거의 물음 방식은 독특하긴 하지만 본질을 중시하는 서양철학의 전통을 충실히 이어받고 있다.

근대적인 연구는 중세의 교의(Doctrina), 지식(Scientia)이나 그리스시대의 인식(ἐπιστήμη)과는 단절된다. 연구는 자연의 영역에서 어떤 특정한 대상 구역을 정하고 어떤 특정한 밑그림을 기투함으로써 자연의 진행 과정을 정밀하게 계산하는 활동이기 때문이다. 예컨대, 물리학의 경우를 들어보자. 물리학은 물체의 운동을 다루는 자연과학으로, 자연에 대한 밑그림(Grundriß)에 의거하여 자연의 진행 과정인 운동을 드러내야 한다.

> 운동이란 장소의 이동을 의미한다. 어떤 특정한 운동이나 운동의 방향이 다른 어떤 운동이나 운동의 방향에 비해 우월한 것은 결코 아니다. 각각의 장소는 모두, 각각의 다른 장소와 동등하다. 어떤 지점도 다른 지점보다 우월하지 않다. 모든 힘은, 그것이 얼마나 큰 운동을 초래하는가, 즉 동일한 시간적 길이 속에서 얼마나 커다란 장소의 이동을 초래하는가에 따라서 규정된다. 자연의 이러한 밑그림 속에서는 [자연의] 모든 진행과정이 투시되어야 한다.[27]

또한 물리학에서 자연에 대한 이러한 기투는 자신의 대상 구역에 안전하게 결속되어야 한다. 이렇게 되기 위해서는 물리학과 같은 자연과학은 자연의 진행 과정을 수학적으로 정밀하게 계산하고 측정해야 한다. "수학적인 자연-연구는 그것이 정확히 계산하기 때문에 정밀한 것이 아니라, 오히려 '그것이 자신의 대상 구역

---

27) 마르틴 하이데거, 『숲길』, 신상희 옮김, 나남, 2008, p.136-p.137.

에 스스로를 결속하는 태도'가 정밀함이라는 성격을 갖기 때문에 [비로소 그것은] 정확하게 계산해야만 하는 것이다."28)

연구의 두 번째 본질적 성격은 연구실험(Forshungsexperiment)이다. 근대의 자연과학은 법칙으로부터 예측되는 가설을 세우고 실험과 관찰을 통해 이 가설이 전제하는 법칙을 확증하거나 그 확증을 거부한다. 이때 가설은 임의로 고안되는 게 아니다. 그것은 자연의 밑그림에 의존하며 법칙으로부터 예측되는 사실을 포함한다. "실험은 법칙을 확증하거나 혹은 법칙의 확증을 거부하는 그런 사실들을 도출하기 위하여 [사물이나 사건을 다루어나가는] 방식이다."29)

그러나 이런 실험은 아리스토텔레스가 제시한 경험(ἐμπειρία)이나 관찰(experimentum)과는 본질적으로 다르다. 아리스토텔레스가 내세우는 경험과 관찰은 사물들의 속성과 변화를 그것들의 상호적 조건 속에서 관찰하는 행위이므로 법칙이 설정될 수 없는 반면에, 근대적인 실험이란 자연을 정밀하게 기투하는 가운데 설정된 법칙을 확증하는 처리 방식이기 때문이다.

연구의 세 번째 본질적 성격은 경영이다. 근대적 학문은 전문화되고 특수화되어 왔다. 뉴턴이 살던 시대만 하더라도 물리학은 자연철학으로 간주되었고, 경제학도 철학의 영역 안에 있었다. 그 뒤에 철학으로부터 물리학, 경제학, 화학, 생물학 등이 떨어져 나

---

28) 앞의 책, p.137.

29) 앞의 책, p.140.

가면서 학문이 전문화되고 특수화되기 시작했다. 그러나 학문의 이러한 전문화와 특수화로 개별 학문 영역이 흩어지는 게 아니라 경영에 의해 통합적으로 관리된다. 그리하여 근대의 전문화되고 특수화된 학문들은 연구기관의 방식으로 경영된다. 이러한 경영의 본질적 성격은 연구 과정과 학문의 처리 방식에서 점차로 연구 성과가 축적되어 정리·정돈되어야 하는 연구의 필연성으로부터 나온다.

학문의 근대적인 경영으로 말미암아 학자는 연구자로 탈바꿈한다. 그리고 연구의 동력도 개인의 낭만적인 관심, 학식의 보호나 육성에 있는 게 아니라 연구 과제를 실행하는 연구 사업이나 학술대회의 토론에 있다. 이에 따라 학문도 대거 연구소나 연구기관으로 이관되어 행정적으로 제도화되어 경영된다. "학문은 자신의 작업과정을 철저하게 지배하고 경영하는 쪽으로 배타적으로 개별화되면 될수록, 그리고 이러한 경영들이 각각의 분류된[전문화된] 연구소와 연구기관으로 남김없이 옮겨가면 갈수록, 학문들은 더욱더 불가항력적으로 자신의 근대적 본질을 완성하게 된다."30)

그럼 근대적 학문의 이러한 본질을 지탱하는 형이상학적 근거는 무엇일까? 그것은 존재자를 대상화하여 표상하고 세계를 상(Bild)으로서 파악하려는 사유 경향이다. 이런 사유 경향을 처음으로 확립한 형이상학이 데카르트의 형이상학이다. 그의 형이상학은 "나는 생각한다. 그러므로 나는 존재한다."라는 명제로부터

---

30) 앞의 책, p.146. 번역을 조금 고쳤다.

출발한다. 세계의 중심이자 주체인 나는 방법적 회의를 통해 확보된 나라는 주체의 확실성에 서서 대상을 표상하고, 세계를 상으로서 장악한다. 이로써 우리는 존재자 전체를 표상하여 체계적으로 처분할 수 있는 세계상의 개념에 도달했다. "데카르트의 형이상학에 이르러 비로소 처음으로 존재자를 표상행위의 대상으로서 규정되었으며 또한 진리는 표상행위의 확실성으로서 규정되었다."31)

데카르트 이후의 형이상학은 존재자 전체인 세계를 상으로 파악하여 정복하려는 경향이 점점 더 강화되었다. 내가 세계의 중심이자 주체가 되어 세계를 정복하려는 이런 경향은 그리스시대에는 아직 없었다. 그리스시대에는 존재자의 개방성을 통하여 존재가 드러났다. 그러나 플라톤은 존재자의 본질을 형상(εἶδος)으로 규정함으로써 세계상 개념의 선구자가 된다.

세계관과 휴머니즘 또한 이러한 세계상의 개념으로부터 나온다. 그렇기에 이들은 서로 동행한다. 인간이 존재자 전체와 맞닥뜨려서 자신의 입장에서 세계를 파악하고 정복한다는 의미를 함축하는 세계관, 인간이 모든 관계의 중심이자 주체가 되어야 한다는 휴머니즘은 세계를 상으로서 인간 앞에 두려는 사유로부터 출발하기 때문이다. "세계관이라는 낱말이 '존재자 한가운데에 처

---

31) 앞의 책, p.148. 하이데거는 데카르트의 형이상학에서 정립된 자아의 표상행위가 존재자에 대한 지배로 나아간다고 주 9에서 강조하였다. "'표상한다'는 것은, 자발적으로 어떤 것을 자기 앞에 세우고 …어떤 것을 장악하면서 파악하는 행위이다. [대상적인 것을 앞에-세우는] 표상행위는 [대상적인 것의 구역에로] 접근해 들어가면서 [대상적인 것을] 지배하는 대상-화(Ver-gegen-ständlichung)이다."(앞의 책, p.174-p.175)

해 있는 인간의 입장'을 지칭하기 위한 이름으로써 주장되고 있다는 사실은, 인간이 주체로서 자신의 삶을 [모든] 관계의 중심이라는 탁월한 위치로 가져오자마자 얼마나 결정적으로 세계가 상으로 [변모하게] 되었는지를 [단적으로] 보여주는 증거가 된다."32) 그래서 그리스시대에는 휴머니즘이 확립될 수 없었다. 중세적 세계관이란 말도 성립하지 않는다.

근대적 본질은 세계를 상으로서 정복하려고 하지만, 이것은 결코 성공할 수 없다. 도저히 계산할 수도 없는 것이 원자물리학이나 현대적 기술을 통해 몰아닥치고 그림자처럼 우리와 사물 주위에 머물기 때문이다. 이 '도저히 계산할 수도 없는 것'은 존재라고 할 수 있다.

근대의 본질에 대한 하이데거의 이런 이해는 기독교 신학을 연상시킨다. 그리스 정신에는 원래 존재자를 탐하는 경향이 없었지만, 플라톤과 아리스토텔레스의 형이상학에 의해서 존재로부터 멀어지고 존재자를 탐하게 되었다. 근대의 데카르트 형이상학에 의해서 존재망각은 돌이킬 수 없을 정도로 강화되어 존재자를 대상화하여 지배하고 정복하려는 근대적 형이상학으로 이어졌다. 그러나 근대적 형이상학의 본질과 동일한 기술에 대한 숙고를 통해, 인간은 존재로 돌아갈 가능성을 얻는다.

---

32) 앞의 책, p.157.

(2) 탈은폐(Entbergen)의 한 방식인 기술

헤겔은 『논리학』을 "자연과 유한한 정신이 창조되기 이전에 자신의 영원한 본질에 머무르고 있는 신의 서술"[33]이라고 규정하였다. 그리고 그는 『논리학』에서 유(Sein)—본질—개념으로 전개되는 개념의 운동을 통해 절대적 신의 존재를 증명하려고 하였다. 이런 점에서 헤겔의 『논리학』, 즉 형이상학은 신학이라고 일컬을 수도 있을 것이다. 한 걸음 더 나아가서 하이데거는 헤겔의 형이상학을 존재와 존재자의 존재론적 차이를 외면하고 신의 자기 동일성에 사로잡힌 존재신학(Onto-Theologie)이라고 여겼다. 그러나 「기술에 대한 물음」, 「전향」 등에 나오는 그의 기술철학을 보면, 오히려 그의 기술철학이 위험과 구원의 또 다른 존재신학처럼 보인다. 왜냐하면 그의 기술철학에서는 기술이 인간을 닦아세우고 자연을 쥐어짬으로써 야기하는 위험은 이 위험에 내재한 존재와 진리의 부름에 인간이 응답함으로써 전향될 가능성이 있기 때문이다.

일반적으로, 우리는 기술을 인간적 목적을 달성하고 욕망을 충족시키기 위해 사용되는 수단이나 활동으로 규정한다. 그러나 하이데거는 이런 규정을 기술에 대한 도구적·인간학적 규정이라고 부르고 거부하였다. 이런 도구적·인간학적 규정으로는 우리가 기술의 본질에 도달할 수 없다고 보았기 때문이다. 그리고 기술의 본질은 결코 기술적인 것이 아니라고 보았기 때문이다.

---

33) G. W. F. Hegel, *Wissenschaft der Logik* I, Felix Meiner, 1975, p.31.

하이데거는 기술의 본질을 밝히기 위해 우선 아리스토텔레스의 4원인설을 인과성의 단서로 삼았다. 아리스토텔레스의 4원인은 질료인, 형상인, 목적인, 운동인이다. 이 4원인은 자연과 사물을 공격하여 장악하기 위한 네 가지 방식이라고 보통 해석해왔다. 그렇지만 하이데거는 독일어로는 Ursache, 라틴어로는 Causa라고 하는 원인(αἴτιον 아이티온)을 보통의 해석과는 달리 포이에시스(π οίησις), 즉 밖으로 끌어내어 앞에 내어놓음(Her-vor-bringen)으로 해석했다. 포이에시스는 은폐된 것을 비은폐 상태로 끌어내는 활동이기 때문에 탈은폐, 즉 진리(ἀλήθεια 알레테이아)라고 불린다. 그런데 그는 여기서 기술(τέχνη 테크네)이 어원적으로 포이에시스와 상통한다고 보아 그것을 탈은폐로 해석하였다. "기술이라는 낱말은 그리스어에서 유래한다. … 그것은 밖으로 끌어내어 앞에 내어놓음, 즉 포이에시스에 속한다. … 제조로서가 아니라 바로 이러한 탈은폐로서 테크네는 일종의 밖으로 끌어내어 앞에 내어놓음이다."34) 그러므로 그리스어의 어원상으로 볼 때 수공업적 제작 활동은 물론 예술적 작업도 기술에 포함될 수 있다.

그러나 기술은 탈은폐이긴 하지만 포이에시스의 원래 의미에서 그 탈은폐가 전개되는 건 아니다. 특히 자연과학과 짝을 짓는 현대적 기술에서는 예술의 탈은폐와는 전혀 다른 방식으로 탈은폐가 이루어진다. 이런 방식의 탈은폐는 도발적 요청(Herausfodern)이다. 그것은 우리로 하여금 에너지 저장고인 자연을 파괴하여 에너

---

34) 마르틴 하이데거, 『강연과 논문』, 이기상 외 옮김, 2008, p.18 이하.

지 자원을 채굴하도록 몰아세운다. "우리는 어느 한 지역을 석탄과 광석을 캐내기 위해서 도발적으로 굴착한다. 지구는 이제 한낱채탄장으로서, 대지는 한낱 저장고로서 탈은폐될 뿐이다. ... 오늘날의 농토경작은 자연을 **닦아세우는**, 이전과는 다른 종류의 경작방법 속으로 흡수되어버렸다. 이제는 그것도 자연을 도발적으로 닦아세운다. 경작은 이제 기계화된 식품공업일 뿐이다. 공기는이제 질소공급을 강요당하고, 대지는 광석을, 광석은 우라늄을,우라늄은 ... 원자력 공급을 강요당하고 있다."35)

하이데거는 여기서 오늘날 지구적 생태계가 파괴되는 모습을사실적으로 잘 묘사하고 있다. 오늘날 석탄, 석유 등의 에너지 자원을 캐내기 위해 자연은 파괴되고 환경은 오염되고 있는 실정이다. 광산이 있는 곳만 자연이 파괴되는 건 아니다. 광산에 이르는길을 만들기 위해 밀림도 훼손되고 있다. 기업식 영농도 산림을훼손하고 대지를 황폐화하고 있다. 게다가 공기도 심상찮다.

현대적 기술의 도발적 요청은 자연의 에너지 자원을 채굴하는것으로만 그치는 게 아니다. 그것은 이 에너지 자원을 변형시키고, 변형된 것을 저장하고, 저장된 것을 분배하고, 분배된 것을 전환해서 사용하는 데까지 나아간다. 그리하여 현대적 기술에 깊이침투되어 있는 탈은폐는 도발적 요청을 넘어서 자연뿐만 아니라인간과 기계, 과학까지도 부품으로서 주문 요청하는 지경에 이른다. 기계는 기계적 체계의 구조 안에서 언제든지 가동될 준비가

---

35) 앞의 책, p.21.

되어 있어야 하고, 인간은 인력 자원으로서 언제든지 주문 요청을 받을 상태에 있어야 하며, 물리학 같은 자연과학도 자연을 계산 가능한 힘의 연관으로 드러나도록 실험할 것이 주문 요청된다. 바로 이런 것이 닦달(Gestell)이다. "닦달[몰아세움]은 인간으로 하여금 현실적인 것을 주문 요청의 방식을 써서 부품으로 탈은폐하도록 닦아세우는, 다시 말해 도발적으로 요청하는 그런 닦아세움의 집약을 말한다. 닦달[몰아세움]은 현대기술의 본질 안에서 전개되고 있는, 그러나 그 자신은 기술적인 것이 아닌, 그런 탈은폐의 방식이다."36)

현대적 기술의 본질인 닦달은 결코 인간이 만들어낸 것이 아니라 존재의 역사에서 불가피하게 등장하는 역사적 운명(Geschick)이다. 이 역사적 운명은 인간이 어찌할 수 없는 숙명이 아니므로, 인간이 그것을 바꿀 가능성은 남아 있다. 그런데 포이에시스란 또다른 탈은폐의 방식이 있다. 닦달은 이 가능성을 막고 있을 뿐이다. "닦달[몰아세움]의 지배는, 인간이 어떤 더 근원적인 탈은폐에로 귀의하여 더 원초적 진리의 부름을 경험할 수도 있는 기회를 놓쳐버릴 수도 있다는 가능성을 갖고 위협해오고 있다. 그래서 닦달[몰아세움]이 지배하고 있는 곳에서는 최고의 의미로 **위험**이 도사리고 있다."37)

그럼 우리는 어떻게 해야 할까? 하이데거는 "위험이 있는 곳에

36) 앞의 책, p.28.
37) 앞의 책, p.38.

는 구원의 힘도 함께 자라네."라는 횔덜린의 시를 인용하면서 우리가 이런 위험을 직시하고 준비해야 한다고 대답하였다. 그러나 인간의 힘만으로 이런 위험에서 벗어날 수는 없다. 그렇기 때문에 우리는 기술의 본질을 숙고하면서 존재와 진리의 부름에 귀 기울이고 존재와 진리의 빛을 쬐어야 한다고 하이데거는 호소했다.

> 닦달의 그 모든 위장 속에서도 세계의 빛의 번쩍임은 빛나며, 존재의 진리는 번갯불처럼 번쩍인다. ... 인간 존재가 섬광의 번뜩임이라는 사건에서 이 번뜩임에 의해 비춰진 자로서 인간적인 고집을 꺾고 자신을 벗어나 이 번뜩임을 향해 자신을 기투할 때, 비로소 인간은 자신의 본질에서 이 번뜩임의 요청에 응답할 것이다.[38]

하이데거는 이와 같이 형이상학의 원천에까지 거슬러 올라가 기술의 본질을 물었다. 이런 점에서 그는 기술을 보는 우리의 시야를 넓혀주었을 뿐만 아니라 기술에 대한 사유도 심화시켰다. 더군다나 그는 현대적 기술이 지구 생태계에 미치는 위험을 정확하게 지적하기도 하였다. 그러나 이런 위험에 대처하는 그의 해결책은 플라톤 이전의 그리스신화 수준, 즉 존재의 수준으로 돌아가고 말았다. 그리하여 그는 존재를 플라톤 이전의 그리스문화에서 찾음으로써 여전히 서양철학의 테두리를 벗어나지도 못하였고 벗어나려고 하지도 않았다. 그러나 우리는 서양철학의 테두리를 벗어나 동서사상이 만남으로써 지구적 생태계의 위험이 해소될 수 있다는 희망을 조금이라도 품을 수 있지 않을까.

---

38) 마르틴 하이데거, 『기술과 전향』, 이기상 옮김, 1993, p.125-p.127. 번역을 조금 고쳤다.

이런 사상적 한계에도 불구하고, 서양의 근대적 형이상학이 과학기술을 통해 자연을 지배하고 정복하려는 경향을 비판하고 인간이 존재의 품 안에서 시적으로 살아갈 것을 권고했다는 점에서, 하이데거의 철학은 자연과 조화로운 삶을 추구하는 동양철학과 일맥상통한다고 할 수 있을 것이다. 게다가 그는 「전향」에서 인간과 기술의 본질관계를 존재의 참됨인 관-계(Ver-hältnis)로부터 받아들일 것을 인간에게 요구함으로써 관계적 존재론을 암시하기도 하였다. "인간 존재가 기술의 본질에 유의하기 위해서는 ... 근대적 인간은 무엇보다도 먼저 자신의 본질 공간으로 돌아가는 먼 길을 찾아야 한다. 인간 존재의 이러한 본질 공간은 자신을 접합하는 차원을 **관-계**로부터 유일하게 수용한다. 이 관-계인 존재 자체의 참됨은 이 존재가 이용하는 인간의 본질에게 고유화되어 있다."39) 이런 점에서도 동서사상이 만날 수 있는 실마리가 관계적 존재론을 통하여 나올 수 있을 것이다.

3. 시몽동—인간과 기술의 앙상블

마르크스는 경제학적인 관점에서 도구와 기계를 구분하고 기술에 의한 인간 소외를 폭로하였다. 하이데거는 형이상학적인 관점에서 기술이 야기하는 위험을 경고하였다. 그들은 각기 기술에 대

---

39) 앞의 책, p.109. 번역을 조금 고쳤다.

한 엄청난 사유를 보여주었지만, 기술의 발전에 부정적이었다. 그 반면에 19세기 중반에 접어들면서 기술의 중요성이 사회적으로 점점 더 부각되자 기술을 통한 유토피아를 꿈꾸는 기술만능주의가 점차 가시화되었다. 사회적인 모든 문제는 기술의 발전을 통해 해결될 수 있다고 보는 기술만능주의는 기술관료들에게는 환영을 받았겠지만 아무래도 어리석은 주장에 불과했다. 사회적인 문제가 기술의 발전에 의해 해결되기도 했지만, 기술의 발전이 새로운 사회적 문제를 야기하기도 했기 때문이다.

기계에 의한 인간 소외를 폭로한 마르크스나 기계의 위험성을 지적한 하이데거의 기술철학, 그리고 기술로 사회적인 문제를 모두 해결할 수 있다고 보는 기술만능주의 양쪽 다 비판하면서 인간과 기술의 앙상블이나 동맹을 강조함으로써 기술을 긍정적으로 해석하려는 기술철학이 20세기 중후반 프랑스에서 대두되었다. 그것은 바로 시몽동과 라투르의 기술철학이다.

20세기 초반 프랑스철학은 거의 독일철학에 눌려 독자적인 사유를 보여주지 못했다. 헤겔, 마르크스의 변증법, 후설의 현상학, 니체, 하이데거의 실존철학이 20세기 초반 프랑스학계를 풍미하였기 때문이다. 그런 가운데서도 베르그송의 생명철학이 생물학 등의 과학적 성과를 바탕으로 독일철학과는 다른 사유의 결을 보여주었다. 베르그송의 생명철학은 헤겔의 변증법과는 다른 차원에서 생성의 개념을 드러내었다. 시몽동의 기술철학은 베르그송의 이런 생명철학에 큰 영향을 받았다. 그렇지만 그는 베르그송과는 달리 생명 현상에 기반을 두지 않고 개체 이전의 물리적 현상과 퍼텐셜(Potentiel)에 기반을 두고 발생적 존재론을 전개하였다. 그리고 그는 기술적 대상도 이런 발생적 존재론에 입각하여 문화적으로 규정하려고 하였다. 그의 기술철학은 1958년에 『기술적 대상의 존재양식에 관하여』라는 책의 출판으로 잠깐 주목을 받긴 했지만 21세기가 되기까지 거의 잊히고 말았다. 그러다가 21세기에 접어들면서 그의 기술철학은 다시 주목을 받기 시작했다. 아마도 그의 기술철학에 함축된 관계적 존재론(Relational Ontology) 때문일 것이다. 우리는 이 책을 중심으로 그의 기술철학을 살펴볼 것이다.

(1) 기술과 인간의 관계

기술이 인간과 자연 사이에 삽입되거나 인간과 자연을 매개하는 것임은 예나 지금이나 마찬가지일 것이다. 하지만 기술이 발전함에 따라 인간과 자연을 매개하는 방식은 크게 달라질 수 있다. 다시 말하자면 인간과 기술의 관계가 크게 달라질 수 있다.

쟁기와 칼과 같은 도구를 잘 다루기 위해서는 장인의 숙련된 솜씨가 필요하다. 가령 인간은 농토를 갈기 위해 쟁기를 끄는 소와 호흡을 맞추어야 하고, 요리하기 위해서 칼의 날카로운 날이 고기를 잘 썰 수 있도록 칼을 움직일 수 있어야 한다. 그렇기 때문에 쟁기와 칼은 인간의 팔과 다리를 연장한 것으로서 도구에 불과하다. 이러한 도구들은 일정한 사용 목적을 위해서 대장장이가 대장간에서 만들어내고 농부나 농부의 아내가 그것들을 사용하는 셈이다. 이런 단계의 기술적 대상들은 수공업적이고 농경적인 기술의 상태에 속한다. 그러나 18세기 서양에서 산업혁명이 도래하여 기계가 잇달아 발명됨에 따라 인간이 기술과 맺는 관계가 근본적으로 달라졌다. 그리하여 시몽동은 기술적 대상들을 요소의 수준, 개체의 수준, 앙상블의 수준으로 나누어 고찰함으로써 그 관계를 이해하려고 하였다.

> 요소의 수준에서 기술적 대상을 개선하는 것은 … 인간의 운명을 끊임없이 향상시키는 연속적이고 무한한 진보의 이념을 가져온 18세기 낙관주의의 분위기에 해당한다. … 바로 이런 위상(Phase)에 상응하는 것이 진보라는 드라마틱하고 열정적인 개념인데, 이 진보는 자연의 침범이자 세계의 정복이며 에너지들의 탈취에 해당한다. 이런 권력의지는 대파국의 추세를 예언하는 열역학 시대의 기술만능주의와 테크노크라트의 과도함을 통해 표현된다. 마지막으로, 20세기의 기술들의 앙상블들의 수준에서는 열역학 에너지론이 정보론에 의해 대체되는데, … 기술들의 발전이 안정성의 보장인 것처럼 나타나는 것이다. 기계는 기술적 앙상블의 요소로서, 정보량을 증가시키는 것, 역엔트로피를 증가시키는 것, 에너지의 하락에 맞서는 것이 된다.[40]

마르크스는, 앞에서 보았다시피, 도구로부터 기계를 완전히 구별하고 자동적인 기계장치를 기계 발전의 완성된 단계로 상정하였다. 그리고 그는 기술의 발전을 주로 경제학적인 관점에서 고찰하였다. 이에 반해서 기술의 발전은 기계 고유의 내재적 논리에 따라 기술적 장애와 양립불가능성을 극복함으로써 이루어지기 때

---

40) 질베르 시몽동, 『기술적 대상들의 존재양식에 대하여』, 김재희 옮김, 그린비, 2019, p.18 이하.

문에, 기술적 가치는 경제적 가치로부터 상당히 독립적이라고 시몽동은 보았다.

> 진보를 이루기 위해 극복해야 할 일련의 관계들은 하위부품들의 시스템이 점진적 포화상태에 이르러 발생시키는 양립불가능성들, 바로 그 안에 있다. 그러나 대상의 본성 자체 때문에 그런 극복은 … 기능들의 내적 배치를 변경하고 그것들의 시스템을 재배열함으로써 이루어질 수 있다. … 이런 경우를 보여주는 예가 바로 전극관의 진화다. 전극관의 가장 널리 알려진 유형은 라디오 램프다. 현재 존재하는 일련의 램프들에서 볼 수 있는 구조의 개조들을 야기했던 것이 바로 3극관의 정상적인 작동에 대립하는 내적 장애들이다.[41]

그리고 그는 기계의 자동성도 기술성의 수준에서 볼 때 완성된 것이 아니며 비결정적인 여지가 있는 기계가 도리어 열린 기계로서 고도의 기술성을 갖춘 기계라고 보았다. 이렇게 봄으로써 그는 마르크스의 인간학적이고 도구적인 기술 해석과는 전혀 다른 새로운 기술 해석을 내놓을 수 있었다. 그리고 마르크스는 공장의 광범위한 기계의 도입으로 말미암아 노동자는 기계의 부속물이자 하인으로 전락한다고 폭로하였다. 이에 반해 시몽동은 노동자는 기계의 하인이긴 하지만 기계들을 조정하고 통솔하는 지휘자이기도 하다고 보았다.

> 고도의 기술성을 부여받은 기계는 열린 기계. 그리고 열린 기계들의 앙상블은 인간을 상설 조직자로, 기계들을 서로서로 연결시켜주는 살아 있는 통역자로 상정한다. 노예집단의 감시자이기는커녕, 인간은 마치 연주

---

41) 앞의 책, p.37.

자들이 오케스트라의 지휘자를 필요로 하듯이 그를 필요로 하는 기술적 대상들 모임의 상설 조직자다. ... 지휘자는 모든 연주자들을 모두에게 서로서로 연결시켜주는 통역자인 것이다. 이와 같이 인간은 자기 주위에 있는 기계들의 상설 발명가이자 조정자로 존재하는 기능을 갖는다.[42]

마르크스주의에서는 기술에 의한 인간 소외를 강조한다. 그러나 시몽동은 이런 시각은 지휘자라는 인간의 기술적 역할을 무시하고 인간이 기술적 개체의 역할을 유지해야 한다는 낡은 기술적 문화에서 비롯되었다고 보았다. 이제 인간은 더 이상 노동자, 장인이 아니라 기술자, 엔지니어다. "지난 세기 동안에, 소외의 가장 중요한 한 원인은 인간 존재자가 자신의 생물학적 개체성을 기술적 조직화에 빌려주었다는 사실에 있었다. 인간은 연장들의 운반자였고, 기술적 앙상블들은 인간을 연장들의 운반자로서 흡수함으로써만 구성될 수 있었다. 직업이 유발하는 기형화하는 특성은 심리적이면서 동시에 육체적이었다. 연장들의 운반자는 연장들의 사용에 의해서 기형이 되었다."[43]

더 나아가서 시몽동은 노동이 소외되는 문제를 경제적인 차원으로 환원하려는 마르크스주의적 주장에 대해서도 반기를 들었다. 마르크스주의에서는 노동이 소외되는 문제는 궁극적으로 사유재산제도와 생산수단의 사유로 귀착된다. 이에 반해 그는 인간이 기술과 맺는 새로운 관계가 자본주의의 경제적 관계 아래에 도사리고 있음을 지적하였다.

---

42) 앞의 책, p.13 이하.
43) 앞의 책, p.151의 주.

노동의 문제들은 노동에 의해 야기된 소외에 관련된 문제들인데, 이 소외
는 잉여가치의 운동에 의해 야기된 것으로 오로지 경제적인 것만도 아니
다. 마르크스주의도, 반(反)마르크스주의(인간관계들을 통해서 노동을 연
구하는 심리학주의)도 진정한 해답을 발견할 수 없다. 왜냐하면 노동으로
서의 노동 자체가 소외의 원천인데, 그 두 입장들은 모두 소외의 원천을
노동 바깥에 두기 때문이다. 우리는 경제적 소외가 존재하지 않는다고 말
하려는 것이 아니다. 우리가 말하려는 것은, 소외의 일차적인 원인이 본
질적으로 노동 안에 있다는 것, 마르크스가 기술한 소외는 단지 소외의
한 양상일 뿐이라는 것이다.[44]

마르크스주의는 장인적 노동, 수공업적 기술의 낭만주의로부터
멀리 떨어져 있는 건 아닐 것이다. 마르크스는 헤겔철학의 노동
개념이 추상적이고 정신적인 노동을 벗어나지 못한다고 비판하고
현실적인 경제적 관계에서 노동을 고찰하였다. 자본주의사회에서
노동은 생산수단의 사유로 말미암아 노동생산물로부터, 동료로부
터, 자신의 유적 본질로부터 소외되고 말았다고 그는 비판하였다.
그렇긴 하지만 그는 헤겔철학의 노동 개념이 함축하는 장인적 노
동의 낭만주의를 청산하지는 못했다. 그렇기 때문에 그는 산업적
노동이 함축하고 있는 기술적 활동의 역할을 간과하였다. 당연히,
그가 노동의 소외를 극복하기 위해 내세운 사유재산제도의 철폐
로는 노동의 소외가 충분히 극복될 수 없다. 산업적 노동은 인간
이 기술적 대상과 맺는 심리·생리학적 관계의 상실, 즉 소외를
동반하기 마련이기 때문이다. "경제적 개념들은 노동에 특징적인
소외를 이해하는 데 불충분하다. … 소외를 축소시키기 위해서는

---

44) 앞의 책, p.357.

노동, 수고로움, 육체의 사용을 함축하는 구체적인 적용, 작동들의 상호작용을 기술적 활동 안에서 단일성으로 귀결시켜야 할 것이다. 즉 노동이 기술적 활동이 되어야만 한다. 그렇지만, 경제적 조건들이 그 소외를 증대시키고 안정시킨다는 것은 정확하다."[45] 그리하여 그는 노동 범주보다는 기술적 활동의 개념을 사유하는 것이 필요하며, 개체 초월적인 것을 개체적인 것과 사회적인 것 사이에서 인식할 것을 주문했다.

> 자본과 노동의 범주들은 기술적 활동에 관련하여 비본질적이다. ... 사회적인 것의 중심으로 노동의 관념을 보존하는 것, 그리고 그 반대편에서 자본과 경영의 수준에서 인간관계들을 보는 심리학주의가 지속하는 것, 이는 기술적 활동이 그 자체로 사유되지 않고 있음을 보여준다. ... 개체적인 것과 사회적인 것 사이에, 개체 초월적인 것이 전개되는데, 이것은 현실적으로 식별되지 않고 있으며, 기업경영이나 노동자의 노동이라는 극단적인 두 측면들을 통해서 연구되고 있다.[46]

결국 그는 오늘날의 노동 소외 문제를 해결하기 위해서는, 장인적 노동과 수공업적 기술로부터 나오는 사유 양식을 내치고 기술적 활동을 사유할 수 있는 새로운 기술적 문화의 수립이 필요하다고 역설하는 셈이다.

(2) 위상관계적 존재론

시몽동에 따르면, 존재의 근원에 퍼텐셜 에너지로 충만한 개체

---

45) 앞의 책, p.360.
46) 앞의 책, p.362 이하.

이전의 존재(아낙시 만드로스의 무한정자와 같은)가 상정된다. 이 세계는 첫 번째 구조화를 거쳐 마술적 위상에 진입한다.[47] 이 마술적 위상에서 인간은 아무런 매개 없이 이 세계와 직접적으로 교류하고 이 세계는 모양과 바탕이 아직 분리되지 않은 단일한 세계였다. 이 마술적 우주는 단지 특권화된 장소들과 순간들로 이루어진 그물로 구조화되어 있을 뿐이다. 예컨대, 그런 곳은 장소의 모든 힘이 응축된 곳으로서 숲의 가장 침투불가능한 부분이나 높은 산봉우리이고, 그런 순간은 오늘날의 축제일과 기념일 같은 날에 해당할 것이다.

> 원초적인 마술적 단일성은 인간과 세계가 생명적으로 연결된 관계다. 이는 대상과 주체의 모든 구별 이전에 있는, 따라서 분리된 대상이 모든 출현보다 앞서 있는, 주체적이면서 동시에 대상적인 우주를 정의한다. … 이 단계 속에서 매개란, 아직 주체화되지도 대상화되지도 않고, 파편화되지도 보편화되지도 않은 채, 단지 생명체를 둘러싼 환경의 구조화들 중 가장 단순하고 가장 근본적인 것, 즉 존재와 환경 사이에 교환이 일어나는 특권화된 지점들로 이루어진 연결망의 탄생일 뿐이다.[48]

그러다가 이 마술적 단계의 단일성은 이 단계의 긴장된 상태, 즉 그 자체의 양립불가능성, 과포화 상태(어떤 용액에 녹을 수 있

---

47) 시몽동의 존재론은 관계적 존재론으로 보통 해석된다. "시몽동에게 존재는 무규정자들의 관계맺음의 과정에 의해 구조화되는데 이를 '관계적 존재론'이라 부를 수 있다. 관계적 존재론은 존재자들의 연속과 불연속의 상관성을 이해하는 데 중요하다. … 관계는 이러한 이율배반을 넘어서게 해주는 작용이다."(황수영, 『질베르 시몽동』, 커뮤니케이션북스, 2018, p.xvi.)

48) 질베르 시몽동, 『기술적 대상들의 존재양식에 대하여』, 김재희 옮김, 그린비, 2019, p.234 이하.

는 용질보다 더 많은 용액이 녹아 있는 불안정한 상태)로 말미암아 모양과 바탕으로 분리된다. 마술적 위상은 기술적 위상과 종교적 위상으로 분리되는 셈이다. 기술적 위상에서 바탕은 무시되어 세계는 대상화되고 종교적 위상에서는 모양이 무시되어 인간은 주체화된다.

이제 기술이 인간과 세계 사이를 매개하고 인간은 매개의 주체가 된다. 마술적 단계는 위상변이를 하면서 그 단일성이 지닌 그물 구조의 "요충지들은 구체화된 연장들과 도구들의 형태로 대상화하는 동안, 바탕의 능력들은 신적이고 성스러운 형태(신들, 영웅들, 사제들)로 인격화하면서 주체화한다."[49] 따라서 기술과 종교는 마술적 우주로부터 나와서 서로 대립하고 매개하면서 평형을 이루는 위상들이다. 여기서 위상변이가 그치는 건 아니다. 본원적 존재의 퍼텐셜 에너지는 위상변이를 통해서 소진되는 게 아니라 항상 새로운 긴장 상태를 야기하기 때문이다. 그리하여 기술적 위상과 종교적 위상도 생성된다. 그리고 나서 과학은 기술적 양식과 종교적 양식의 이론적 위상 사이에서, 윤리는 그것들의 실천적 위상 사이에서 생성된다. 그러나 이러한 위상변이는 크게 보아서 과학과 윤리에서 그치지만 과학기술의 발전에 따라 이어질 수 있다.

그럼에도 불구하고 기술적 사유는 기술적 대상을 다양화함으로써 마술적 양식의 본원적인 단일성을 회복하려고 한다. 그러나 기

---

49) 앞의 책, P.241.

술적 사유는 모양과 바탕의 절대적 적합성에 결코 이르지 못해 이 단일성을 회복할 수 없다. 종교적 사유도 단일성보다 더 우위에 있는 총체성을 추구하기 때문에 또한 마술적 양식의 본원적인 단일성을 회복할 수 없다. 기술적 단계로부터 더 나아간 과학과 윤리 역시, 기술적 사유나 종교적 사유보다도 이 단일성으로부터 더 멀어질 뿐이다. 기술적 사유와 종교적 사유를 종합하여 마술적 단일성을 회복하려는 사유에는 미학적 사유와 철학적 사유가 있을 뿐이다. 미학적 사유는 생성의 개념을 직관할 수 없기에 그것들을 종합할 수 없다. 오직 철학적 사유만이 생성의 개념을 직관함으로써 기술적 사유와 종교적 사유의 성과를 종합하여 모양과 바탕의 실재적 단일성에 이를 수 있다. "직관은 모양의 측면과 바탕의 측면을 실재적 단일성 속에서 재발견한다. … 직관은 존재의 이 단일성, 요소들과 총체성의 재결합을 인식하고 완수한다. 직관은 그 자체로 모양과 바탕의 관계다."[50] 철학적 직관을 중시하는 시몽동의 이러한 태도는 그의 기술철학이 베르그송의 생명철학에 크게 영향받았음을 보여주는 중요한 표지라고 할 수 있을 것이다. 마지막으로 그의 기술철학에 대해 두 가지 사항만 언급하고 싶다.

첫째로, 인간이 세계와 관계를 맺을 때 구조화하는 원초적이고 본원적인 마술적 위상으로부터 기술과 종교, 예술, 과학과 윤리의 위상으로 펼쳐지는 위상변이를 시몽동은 관계적으로 해석하였다.

---

50) 앞의 책, p.340.

우리는 이 위상이라는 말을, 다른 계기에 의해 대체되는 시간적 계기가 아니라, 존재의 양분(兩分)으로부터 귀결되어 다른 측면과 대립하게 되는 측면으로 이해한다. 위상이란 말의 이런 의미는 물리학에서 사용되는 위상관계라는 개념에서 영감을 받은 것이다. 하나의 위상은 하나의 다른 위상이나 여러 다른 위상들과 관련해서만 인식될 수 있다. 완전한 실재인 것은 바로 그 모든 위상들을 앙상블로 취하고 있는 현실적 시스템 그것이다. 각각의 위상은 그 자체로서가 아니라 오로지 다른 위상들과 관련해서만 위상이며, 이 위상이 다른 위상들과 구분되는 것은 유와 종개념들과는 전혀 무관한 방식으로 이루어진다. ... 이런 도식은 변증법적 도식과 매우 다르다. 왜냐하면 그것은 진보의 동력으로서 필연적인 잇따름도 부정성의 개입도 함축하지 않기 때문이다.[51]

시몽동이 비록 위상관계적 존재론을 변증법으로부터 멀리 떼어 놓는다고 하더라도, 그것은 변증법과 마찬가지로 관계적 존재론을 벗어나는 건 아닐 것이다. 단지 그는 물리학의 성과를 차용했을 뿐이고, 변증법을 물리학에 적용하려는 시도를 온당치 못하다고 여겼을 뿐이다.

둘째로, 그의 기술철학에는 생태적 감수성이 결여되어 있는 것 같다. 그는 마술적인 원초적 단일성을 회복하려는 작업을 상당히 중시했음에도 불구하고, 지구적 생태계의 균형과 조화를 위한 철학적 사유는 등한시했기 때문이다. 기술의 발전이 돌이킬 수 없는 상처를 지구적 생태계에 가하여 이를 망가뜨리고 인류의 생존을 위협할 수 있는 요인임을 그는 별로 문제시하지 않았다. 이것은 어쩌면 그의 기술철학의 한계를 보여주는 것이라고 봐야 할 것이다. 그는 기술 적대적인 문화를 기술 친화적인 문화로 바꾸려고

---

51) 앞의 책, p.227 이하.

하였기 때문에 기술의 위험을 드러내는 작업은 그의 기술철학의 테두리 안에서는 가능한 일이 아니었을 것이다. 게다가 그는 동양적 사상을 전혀 고려하지 않았기 때문에 동양적 사상이 기술 친화적 문화가 될 수 있는 가능성도 전혀 고려하지 않았다. 그렇지만 마술적 단일성을 철학적 사유로써 회복하려고 하였다는 점에서 그의 존재론은 동양적 사상과 일맥상통한다.

4. 라투르—인간과 사물의 동맹

시몽동은 프랑스의 68세대 철학자들, 즉 푸코, 데리다, 들뢰즈 등과 비슷한 세대에 속하는 철학자였다. 그 반면에 라투르는 이들 사상의 세례를 받으면서 성장한 철학자이다. 그렇기에 그는 이들의 영향을 강하게 받았을 뿐만 아니라 시몽동의 기술철학에도 영향을 받았다. 자연과 사회, 주체와 객체, 과학과 정치의 이분법을 해체하고 그것들의 경계를 허물어뜨리려는 그의 시도는 프랑스 차이의 철학에 직접 연결되며, 인간과 비인간의 동맹이라는 발칙한 구호는 시몽동의 인간과 기술의 앙상블이라는 개념과 연결되기 때문이다.

20세기 중후반에 이르면 프랑스철학은 헤겔과 마르크스의 변증법, 후설과 하이데거의 현상학과 완전히 작별하고 바야흐로 독자적인 길에 들어선다. 라투르의 기술철학은 프랑스철학의 이런 길을 잘 보여주는 사례라고 볼 수 있을 것이다. 그럼에도 불구하고 그의 기술철학은 기술적 문화와 인문학적 문화의 대립을 극복하려던 의도와는 다르게 동양사상에 상당히 접근하는 모습도 보여주고 있다. 여기서는 라투르의 행위자-연결망 이론을 중심으로 그의 기술철학을 살펴보겠다.

(1) 기술의 언어적 전회

20세기 중반에 들어서, 서양철학에서는 기호학 또는 언어철학을 통해 철학을 재편하려는 움직임이 거세게 일어났다. 소쉬르의 언어구조학, 비트겐슈타인의 분석철학, 하버마스의 의사소통이론 등이 그런 움직임의 대표적인 사례들이다. 라투르도 그런 흐름에 영향을 받고 실험실의 과학활동을 기호학적으로 기록하려고 하였다. 이런 점에서 그의 첫 번째 저술인 『실험실 생활』이 나온 것은 결코 우연이 아니다. 이 책은 영국의 사회학자인 울거와 함께 집필한 책인데, 과학적 사실이 과학자들에 의해 발견된 것이 아니라, 실험실의 장치나 기구들의 도움을 받아 구성된 사실임을 밝혀내었다.

> 과학활동은 '자연에 관한' 것이 아니며, 그것은 실재를 구성하기 위한 맹렬한 싸움이다. ... 한 진술이 안정화될 때마다 그것은 실험실 안으로 (기계', 기록하기 장치, 솜씨, 일상적인 내용, 편견, 연역, 프로그램 등의 외피로) 재도입되며, 그것은 진술들 사이의 차이를 증가시키는 데 사용된다.[52]

과학적 사실이 구성되기 위해서는 과학자의 과학활동을 가능하게 하고 과학적 사실을 안정화하는 조건들인 실험실의 장치와 기구들이 필수적이란 점을 이 책은 과학자의 과학활동을 기호학적으로 번역해서 보여준다. 따라서 이 책은 과학기술의 사회구성주의와는 거리가 멀다. 이 책의 두 번째 판이 출판되었을 때, 이 책의 저자들은 부제인 "과학적 사실의 사회적 구성"에서 '사회적'이라는 말을 삭제하였다. 이런 점에서도 그 저자들이 비록 처음에는 사회구성주의의 영향을 받았을지라도 나중에 그것과 단호하게 선을 그었음을 알 수 있다.

앞에서 잠깐 언급했다시피, 라투르는 '언어적 전회'에 방점을 찍고 기호학적 방법을 사물, 기술의 영역으로까지 확장하였다. 20세기 중반의 '언어적 전회'에 한 획을 그은 사상가는 뭐니 뭐니 해도 프랑크푸르트학파의 하버마스일 것이다. 그는 행위의 효과를 수반하는 언어적 힘을 바탕으로 사회이론에 언어철학을 적용하여 의사소통이론을 세웠다. 그는 프랑크푸르트학파의 1세대인 호르크하이머와 아도르노가 도구적 이성 비판에 매몰되어 의사소통적 합리성을 간과함으로써 계몽적 기획을 부정하였다고 비판하였다. 그는 의사소통적 합리성을 살리면 그들이 부정한 계몽적 기획을 실현할 수 있다고 보았다. 그래서 그는 철학의 패러다임이 의식철학으로부터 언어철학으로 바뀌어야 한다고 강조했다. 하버마스의 의사소통이론뿐만 아니라 소쉬르의 구조언어학, 비트겐슈

---

52) 브뤼노 라투르·스티브 울거, 『실험실 생활』, 이상원 옮김, 한울, 2019, p.320.

타인의 분석철학도 철학의 패러다임이 언어철학으로 바뀌는 데 큰 역할을 했다. 프랑스철학에서는 푸코, 데리다, 들뢰즈가 정치, 역사, 문학, 사회 등에 '언어적 전회'를 적용했으며 라투르는 이런 흐름에서 기술철학에 과감하게 '언어적 전회'를 도입했다.

> '저 바깥에' 있는 자연과 '그 위에' 있는 사회와 같은 준거틀이나 생산의 사회적 조건을 제외하면 일차적으로 남는 것은 의미생산이나 담론, 혹은 텍스트이기 때문에, 기호학은 이 시도에 있어 필수적인 단계이다. 이는 1960년대 '언어적 전환' 혹은 '기호적 전환'의 주요한 성과이다. 의미생산은 인간 행위자와 자연 사이의 의사소통수단이 되는 대신, 학문적으로 중요한 연구대상이 되었다.[53]

더 나아가서 그는 기호학적 방법을 자연적 존재자와 기술적 존재자로까지 확장하여 적용함으로써 새로운 기술철학을 열었다. 이러면 자연적 존재자와 기술적 존재자는 새로운 의미로 번역되지 않을 수 없다. 그리하여 번역의 문제가 라투르의 기술철학에서는 바야흐로 중요한 문제로 대두된다. 번역이란 어떤 한 언어를 다른 언어로 단순히 변환하는 작업이 아니다. 그것은 치환이자 새로운 연결의 생성이라고 그는 간주했다.

> 지금 명확히 해야 할 것은, 번역이 마치 두 언어가 독립적으로 존재한다는 듯이 하나의 단어에서 다른 단어로의 변환, 예를 들어 하나의 프랑스어 단어에서 하나의 영어 단어로의 변환을 의미하는 것이 아니라는 점이다. 나는 번역은 치환, 표류, 발생, 매개, 전에는 존재하지 않았으며 원래의 것을 조금 바꾸는 연결의 생성 등의 의미로 사용했다.[54]

---

53) 브루노 라투르 외, 『인간·사물·동맹』, 홍성욱 엮음, 이음, 2018, p.108 이하.

라투르와 함께 행위자-연결망 이론을 만든 칼롱은 번역이 치환일 뿐만 아니라 권력관계의 대변이라고 보았다.

> 번역하는 것은 치환하는 것이다. … 그러나 번역하는 것은 또한 다른 이들이 말하는 것과 원하는 것, 왜 그들이 하는 방식으로 행동하고 그들이 서로 어떻게 연합하는지를 자신의 고유한 언어로 표현하는 것이다. … 사회학자들이 일반적으로 권력관계라고 부르는 것을 이해하는 것은, 행위자들이 정의되고 연합하며 동시에 그들의 동맹에 대해서 충실하게 남도록 의무를 지우는 방식을 묘사하는 것이다.[55]

(2) 행위자-연결망 이론(Actor-Network Theory)과 관계적 존재론

라투르, 칼롱 등의 ANT그룹은 사회과학자들은 물론 자연과학자들도 경악시킬만한 주장을 행위자-연결망 이론을 통해 제시했다. 이 주장이란 사물과 같은 비(非)인간이 인간과 대칭적으로 행위자로 간주된다는 것이다. 행위자-연결망 이론에서는, 인간이 행위를 통해 사물에 작용하듯이 사물도 행위를 통해 인간에게 작용한다는 의미에서, 사물도 인간과 대칭적으로 행위자로 간주되어야 한다고 그들은 주장했다.

이와 같은 주장 때문에 ANT그룹은 기존의 학계로부터 엄청난 비판을 받았다. 인간은 의지, 의도, 이성을 품고 있지만 사물은 그렇지 못하다. 그렇기에 설령 사물이 인간에게 작용한다고 하더라도 그것을 인간과 같은 주체로 간주할 수는 없다. 그래서 라투르

---

54) 브뤼노 라투르, 『판도라의 희망』, 장하원·홍성욱 역, 휴머니스트, 2018, p.287.
55) 브루노 라투르 외, 『인간·사물·동맹』, 홍성욱 엮음, 이음, 2018, p.93-p.94.

는 행위자(Actor)를 행위소(Actant)로 바꾸어 말하기도 하였다. 비인간을 행위자로 부르는 것은 아무래도 이상했기 때문이다. 그러나 비인간의 도움으로 인간의 역사가 굴러가고 사회가 움직인다는 엄연한 사실을 고려한다면, 말하지 못하는 비인간에게서 우리가 행위자의 역할을 박탈하는 것이 도리어 부조리할 것이다.

라투르는 미국 사회의 총기 소지 문제와 과속방지턱 문제를 사례로 들어 인간과 비인간이 서로 얽히고설켜 있으며, 인간과 비인간의 집합체가 새로운 연결망을 형성함을 보여준다. 우선 총기 소지 문제부터 살펴보자.

미국 사회는 총기에 의한 살인사건이 사회적으로 큰 문제가 되어 왔다. 해마다 여러 차례 끔찍한 살인사건이 고등학교와 대학교에서 심심찮게 일어나고 있다. 이 때문에 많은 미국인은 총기 판매를 통제해야 한다고 주장한다. 이들이 내세우는 근거는 "총이 사람을 죽인다."라는 구호다. 그 반면에 미국총기협회에서는 "총은 사람을 죽이지 않는다, 사람이 사람을 죽인다."라는 구호로 총기 판매를 정당화하려고 한다. 그런데 라투르는 이런 상황에서는 총도 사람도 행위자가 아니라 총을 든 사람이 행위자라고 보았다. "그렇다면 이러한 상황에서 총이나 사람 중 어느 것이 행위자인가? 다른 누군가(시민-총, 총-시민)가 행위자다."[56] 총을 든 인간과 총을 들지 않는 인간은 서로 다른 행위자이며, 인간이 총을 든 순간 그 인간은 달라진다고 그는 보았다. 따라서 총을 든 인간의

---

56) 브뤼노 라투르, 『판도라의 희망』, 장하원·홍성욱 역, 휴머니스트, 2018, p.287.

살상 행위는 인간이라는 행위자에게만 책임이 있는 게 아니며, 총과 인간의 집합체에게 그 책임을 물어야 한다고 그는 주장했다.

그리고 그는 '잠자는 경찰'로 불리는 과속방지턱 사례를 들어 기호와 사물 사이의 경계를 허물어뜨리는 의미생산의 문제를 다루었다. 학교 부근이나 학교의 교정 안에서 과속은 으레 사고의 위험을 초래하기 마련이다. 그러나 사람들의 양심과 도덕심에만 호소해서는 과속을 단속할 수가 없다. 그래서 차의 속도를 줄이기 위한 기술적인 조치가 요구되는데 그것이 바로 과속방지턱이다.

> 과속방지턱이라는 수단에 의해서 운전자의 목표는 '학생이 위험에 처하지 않도록 속도를 줄이는 것'에서 '속도를 줄여 당신의 차의 서스펜션을 보호하는 것'으로 번역된다. ... 과속방지턱의 예에서, 하나의 의미가 다른 것으로 대체되었을 뿐만 아니라 행위(속도법규의 강제)도 다른 종류의 표현으로 번역되었다.[57]

엔지니어는 과속방지턱을 설치하고 사라져버렸다. 과속방지턱은 교통경찰도 아니다. 그럼에도 불구하고 그것은 교통경찰의 행위를 말없이 대신한다. 그렇기 때문에 그것은 행위자적 전환을 하는 셈이다. 따라서 "과속방지턱은 궁극적으로 물질로 만들어지지 않았다. 그것은 각각의 의지와 이야기 줄거리를 자갈, 콘크리트, 페인트, 표준계산과 혼합하는 엔지니어, 학장, 입법자로 채워 있다."[58] 다시 말하자면 과속방지턱은 인간과 비인간의 집합체이며,

---

57) 앞의 책, p.296-p.298.

58) 앞의 책, p.302.

행위자-연결망에서 그 행위와 목표가 이해되어야 한다.

　근대(Modern)는 동양의 역사에서 이질적인 것이었을 뿐만 아니라, 서양의 역사에서도 이질적인 것이었다. 근대 이전에는 서양에서도 지구나 우주를 살아 있는 유기체처럼 여겼고, 대지는 신성한 것으로 간주되었다. 그러나 근대 이후 지구의 대지는 에너지를 공급하는 자원의 창고로 간주되어 근대 이전의 신화와 마법은 무참하게 깨져버렸다. 그리하여 근대 이후에 자연/사회, 주체/객체, 과학/정치라는 이분법이 자리 잡게 되었다. 자연은 주체가 객체를 지배하듯이 인간과 사회의 지배를 받아야 하는 대상으로 전락하고 말았다. 라투르는 자연/사회, 주체/객체의 이분법에 근거해 자연과학과 인문학이 전문화되고 자연적 존재가 사회적 존재로부터 분리되어가는 현상을 가리켜 정화(Purification)라고 불렀다. 그러나 이와 반대로, 도리어 현실적으로는 근대 이후에 인간과 비인간이 뒤엉켜 사회기술적인 잡종(Hybrid)인 인공물이 대량 증식되었다.[59] 그리고 이러한 인공물들이 근대적 사회를 지탱해주었다. 라투르는 이런 잡종들을 파악하기 위해서는 근대의 이분법적 패러다임을 인간-비인간 집합체라는 패러다임으로 전환해야 한다고 역설하였다.

---

59) 브뤼노 라투르, 『우리는 결코 근대인이었던 적이 없다』, 홍철기 옮김, 2009, p.40-p.45. 이 책에서는 "변증법론자들은 … 우리 중 최고의 근대화론자"(앞의 책, p.154)라고 간주하여 시몽동 이후의 프랑스철학의 반(反)변증법 기류를 보이고 있다.

근대성의 환상은 우리가 성장할수록 객체성과 주체성은 더 잘 분리되어 우리의 과거와는 다른 미래를 만들어낼 것이라고 믿는다는 데 있다. 과학과 기술에 대한 우리의 개념에서의 패러다임 전환 이후에, 우리는 이제 이것이 사실이 아님을, 실로 이것이 사실이었던 적이 없음을 안다. … 나는 내가 적어도 독자들에게 우리가 이러한 난국을 잘 대처한다면 인공물을 사물로 간주하는 것에 다다르지는 않을 것이라는 점을 확신시켜주었기를 바란다. … 그들은 자격을 제대로 갖춘 사회적 행위자로서 우리의 지성적 문화에서 살아갈 자격이 있다.[60]

라투르의 행위자-연결망 이론에서 가장 돋보이는 특징은 그가 비인간의 역할을 복원하여 비인간을 행위자로서 인식했다는 점일 것이다. 그는 좋은 세상을 만들어내기 위해서는 이런 인식 전환이 필수적이라고 생각했다. 물론 그의 이런 관점은 논란의 여지가 많지만, 비인간이나 인공물 없이는 인간적 생활이 불가능하다는 점을 고려해본다면 충분히 일리가 있다고 하겠다.

만년에 그는 지구적 생태계 위기와 관련해서도 인간과 비인간의 새로운 연합을 통하여 자연과 인간의 공존을 지향하여야 한다고 주장했다. 이런 점에서도, 그의 행위자-연결망 이론은 크게 보아서 관계적 존재론이라고 할 수 있을 것이다. 그의 행위자-연결망 이론에서는 존재하는 모든 것이, 인간이든 비인간이든 간에, 서로 연결되어 서로 의존하고 영향을 미치면서 공존하기 때문이다. 그의 STS(과학기술학) 동료인 존 로는 관계적 존재론을 다음과 같이 밝혔다.

---

60) 브뤼노 라투르, 『판도라의 희망』, 장하원·홍성욱 역, 휴머니스트, 2018, p.335.

다른 어떤 곳에서처럼 여기서도, 세계들의 구성에로의 전회는 관계적 존재론을 함축한다. 세계는 관계들의 연결망이다. 연속적이든, 불연속적이든, 짜임새 있든, 누더기 같든 간에. 그리고 그러한 관계들은 그것들이 연속적으로 생산되는 곳 바깥에서는 아무런 지위도, 모양도, 실재도 지니지 않는다. 이것은 관심사가 과정에 있음을 의미한다. 그것의 관심사는 특정한 실재들이 어떻게 만들어지고 다시 만들어지는가에 있다.[61]

그렇기 때문에 그의 기술철학은 시몽동의 기술철학과 더불어 동양적 사유, 특히 화엄의 인다라망에 접근하고 있다. 그리고 그가 탈근대(Postmodern)를 거부하고 비근대(Nonmodern)를 지향한다는 점도 그의 기술철학이 동양적 사유와 만나는 계기가 될 수 있을 것이다.

그러나 그의 관계적 존재론은 서양의 정통적 존재론을 외면하고 화이트헤드와 같은 방계의 형이상학에 의식적으로 의존하려고 했다. 그럼으로써 근대의 기계론적 환원주의는 비껴갈 수 있을는지 모르지만, 라투르의 바람과 달리 그의 기술철학은 형이상학이나 존재론으로 인정받지 못했다.[62] 그리고 그는 동양적 사유를

61) John Law, *Enacting Naturecultures: A Note from STS*, http://www.lancs.ac.uk/fass/sociology/papers/law-enacting-naturecultures.pdf, 2004, p.2.

62) 헤겔은 파르메니데스로부터 헤라클레이토스로 이어지는 존재론, 플라톤과 아리스토텔레스의 형이상학, 아우구스티누스와 토마스 아퀴나스 그리고 에크하르트의 기독교 형이상학, 스피노자의 실체 형이상학과 라이프니츠의 형이상학, 칸트 비판적 형이상학과 피히테의 자아 형이상학 등 서양의 형이상학의 큰 흐름을 변증법을 통해서 융합하였다. 그렇기 때문에 그의 형이상학은 정통적이다. 그리고 헤겔의 형이상학을 서양의 정통 형이상학을 계승하는 관계적 존재론으로 강조하려고 하는 헤겔 연구자도 오늘날 있다. "헤겔은 부정의 자기 관계성 또는 타자의 자기 지시성에 근거해서 … '전통 존재론의 역동화'를 통해 자신의 철학의 주체 형이상학적인, 특히 관계 존재론적인 의미를 근거 짓는다."(조종화, 「부정성과 타자성」, 『헤겔연구』 제47호, 2020, p.27) 그러나 화이트헤드의 과정철학은 관계적 존재론이긴 하지만 서양 형이상학의 큰 흐름이 담겨 있지 않기 때문에 방계다. 화이트헤드의 형이상학에 큰 영향을 받아 형성된 라투르의 철학도 이런 점에서 형이상학이나 존재론으로 학계로부터 인정받지 못한 것 같다.

아예 무시하였다. 따라서 그는 동양적 사유와 서양적 사유를 거시적으로 비교할 수 없었고, 동서사상의 만남을 주선할 능력을 발휘할 수도 없었다.

동양적 사유에서 인간은 비인간인 자연에 순응해서 자연과 조화하는 삶을 추구한다. 그에 반해 서양적 사유에서는 인간이 기술을 통해 자연을 지배하거나, 그렇지 않더라도 자연을 길들이려고 한다. 이런 맥락에서 동양적 사유와 서양적 사유는 엄청난 차이가 있다. 이 점이 굉장히 중요한데, 라투르는 이를 전혀 충분히 고려하지 못하였다. 따라서 그의 기술철학이 비록 근대의 병폐, 즉 자연과 사회, 주체와 객체의 이분법적 패러다임과 기계론적 환원주의를 극복했다고 하더라도, 여전히 서양적 사유를 넘어선 것은 아니다.

제2장

기술과 동서사상의 만남

1. 서양의 기술철학 비판

산은 검의 기상처럼 하늘 찌를 듯 솟아 있고	山如劍氣衝天立
물은 병사의 함성을 배워 땅 흔들며 흐르네	水學兵聲動地流
산은 강 건너려 강어귀에 서 있고	山欲渡江江口立
물은 돌을 뚫고자 돌머리를 도는구나	水將穿石石頭廻
(산은 강 건너지 못해 강어귀에 서 있고)	
(물은 돌을 뚫지 못해 돌머리를 도는구나)[63]	

이 시는 19세기 조선의 방랑시인 김삿갓이 경치 좋은 어느 강 어귀에서 어떤 선비를 만나 문답한 시다. 김삿갓이 먼저 운을 떼어 1, 2연을 노래했고 그 선비는 3, 4연으로 화답했다. 김삿갓이 그 선비의 시구 중 '欲'과 '將'을 '不'와 '難'으로 고치는 게 더 자연스럽다고 그 선비에게 권하여 그 선비는 흔쾌하게 수락하였다는 일화가 전해진다.

기술철학을 논하는 이 자리에 김삿갓의 시를 인용하는 시도는 생뚱맞은 일일지 모른다. 그러나 이 시는 동양에서 인간이 자연과 맺는 관계를 잘 드러내 주는 시이기 때문에 서양의 기술철학을

---

63) 황헌식 편역, 『김삿갓 시집』, 한빛문화사, 1982, p.134. 괄호 안의 번역은 시구 중 '欲'과 '將'을 '不'와 '難'으로 고쳤을 때의 번역이다.

비판하는 발판을 제공할 수 있다. 동양에서는 인간이 자연을 지배하거나 길들이려고 하기보다는 자연에 순응하여 자연과 조화하는 삶을 추구하였다. 그런 삶이야말로 자연스러운 삶이라고 보았다. 그런 맥락에서 '欲'과 '將'은 인위적이며 자연스럽지 못하다. 그래서 김삿갓은 '不'와 '難'을 제안하였을 것이다.

이와 같이 동양에서는 자연을 존중하는 삶을 추구하였기 때문에 자연의 이치를 거스르고 어기는 짓은 반드시 재앙을 초래한다고 보았다.64) 그런 점에서 오늘날의 재앙도 동양적 관점에서 보자면 지나치게 욕망과 쾌락을 추구하고 자연을 착취하려는 인간들의 업보라고 할 수 있을 것이다.

오늘날 지구적 생태계가 위험에 빠져 있음은 누구든지 일상생활에서 느낄 수 있을 것이다. 부쩍 잦은 기상 이변과 홍수, 가뭄, 한파, 폭염의 기습은 21세기에 들어서서 우리가 일상적으로 겪는 일이기 때문이다. 게다가 코로나 바이러스 같은 전염병은 지구촌을 온통 들쑤시고 다녀 인간들 사이의 대면을 방해하고 있다. 이런 전염병 유행이 2020년 올 한 해로 끝나는 게 아니라 몇 년 더 연장되고 지구 온난화가 지속된다면, 경제도 망가질 뿐만 아니라 지구촌이 식량과 물의 부족으로 기근을 겪을 것이다. 그리하여 가난한 나라, 가난한 사람들이 더 큰 고통을 겪을 것이다.

우리는 어떻게 이런 상황에 맞닥뜨리게 되었는가? '자업자득'

---

64) 고대의 의서인 『황제내경』은 자연의 이치를 음양사시(陰陽四時)로 보아 이를 따르는 삶을 요구했다. "음양사시는 만물의 시작과 끝이며 생사의 근본이니 이를 거스르면 재해가 생기고 이를 따르면 혹독한 질환이 일어나지 않는다."(『황제내경소문』, 「사기조신대론」)

이라고밖에 말할 수 없다. 이 재앙은 수백 년에 걸친 인류의 산업 활동과 눈부신 기술발전이 초래한 재앙이다. 인류는 산업과 기술의 발전으로 많은 혜택을 누려왔다. 그러나 그 반면에 우리가 미처 보지 못한 문제가 21세기에 접어들자 본격적으로 불거지게 된 것이다.

그럼에도 불구하고 서양의 기술철학은 이런 문제를, 즉 지구적 생태계 위기를 충분히 다루지 못하였다. 19세기에 이미 마르크스는 자본주의가 인간과 자연의 물질대사를 교란한다고 예리하게 꿰뚫어 보았지만, 계몽의 이상에 사로잡혀 과학기술을 통해 인간이 자연을 지배하는 찬란한 미래를 예견하였다. 그리고 21세기에 라투르는 생태를 중시하긴 했지만 실험실을 통해 자연을 길들이려는 제안을 내놓았다. 어느 쪽도 지구적 생태계의 위험을 해소하기에는 턱도 없었다. 20세기에 하이데거는 존재론적 관점에서 기술의 위험을 서양 형이상학의 탓으로 돌려 인간이 존재와의 본원적 관계를 회복하기를 호소했다. 그 이후 시몽동도 존재론적 관점에서 인간과 기술의 앙상블을 통한 마술적 단일성의 회복이 철학적으로 이루어져야 한다고 주장하였다. 그러나 하이데거도 시몽동도 서양철학, 더 나아가 서양문화 바깥으로 나가서 지구적 생태계의 위험을 사유하려고 하지 않았다. 그들은 플라톤, 아리스토텔레스의 형이상학 이전의 그리스 사유에서 기술의 문제를 해소할 실마리를 찾으려고 하였을 뿐이다.

그러나 기술과 생태계의 문제는 기술철학에 한정되는 것도, 형이상학에 한정되는 것도 아니다. 그것은 서양문화 전반과 관련되어 있다. 오늘날 지구적 생태계의 위험을 서양문화와 관련하여 두 측면에서 생각해보자.

첫째로, 자연의 지배에 관한 측면. 서양문화는 근대에 이르러 가속화되긴 했지만 기본적으로 자연을 지배하고 길들이려는 경향이 강하다. 지구상 어떤 문화도 서양문화 이외에 그런 경향이 강한 문화는 없었다. 오늘날의 과학기술은 그런 경향을 대표하는 것이다.

오늘날 대중은 한편으로는 과학기술의 혜택을 누리면서 살고 있지만 다른 한편으로는 과학기술이 초래하는 위험을 일상적으로 충분히 느끼면서 살아가고 있다. 겨울의 혹심한 한파, 여름의 엄청난 홍수와 혹독한 가뭄, 폭염 등은 오늘날 누구나 경험할 수 있는 일이다. 그러나 오늘날의 놀라운 과학기술로도 기후 변화에 대처하기가 불가능하다. 더군다나 기후 변화에 따른 지구적 생태계의 위험은 앞으로 점점 더 큰 문제가 되고 있다. 북극의 영구동토가 녹을 때 어떤 일이 벌어질지 예측하기 힘들 정도이다. 이 영구동토에 설치된 산업시설이 파괴되어 지구적 생태계를 얼마나 교란할지, 영구동토에 숨어 있는 바이러스나 세균이 생태계에 어떤 영향을 끼칠지 정확하게 예측하기 힘들다.

과학기술로 이런 재앙을 감당할 수 없다면, 다시 말해 자연을 인간의 손아귀에 넣어 길들일 수 없다면, 자연을 지배하고 길들이려는 서양문화를 근본적으로 바꾸는 방향으로 나아가지 않으면

안 될 것이다. 유감스럽게도 자연은 과학기술로 지배하거나 길들일 수 없다. 그리고 재앙은 현재 진행 중이며, 앞으로 상황은 더욱더 악화될 것이다. 그렇다면 우리는 서양문화를 근본적으로 바꾸는 방향으로 나아가야 오늘날의 위기를 해소할 수 있는 희망의 끈이라도 잡을 수 있을 것이다. 우리는 지구적 생태계를 자원의 보고로 삼아 경제적으로 이용할 것이 아니라, 지구적 문화로 견고해진 서양문화를 지구적 생태계를 지키는 파수꾼으로 거듭나는 문화로 바꾸어야 한다.

요즘 유행하는 코로나 바이러스를 본다면 문화가 얼마나 중요한지 알 수 있다. 미국, 유럽 등의 서양문화권에서는 코로나 바이러스가 기승을 부리고 있다. 하지만 한국, 대만 등의 동양문화권에서는 코로나 바이러스 유행이 수그러들고 있거나 서양문화권에 비해 나쁘지 않은 상황이다. 이것은 문화의 차이가 코로나 바이러스가 유행하는 정도를 가르는 증거일 수 있다. 한국이나 중국과 같은 동아시아는 서양문화의 세례를 받았지만 여전히 동양적 문화의 전통이 남아 있다. 그래서 미국, 유럽과 같은 서양문화권보다는 한국이나 중국과 같은 동양문화권이 코로나 바이러스에 상대적으로 강할 수 있는 셈이다.

『무아의 새벽』에서 21세기의 형이상학으로 제시된 관계적 존재론(Relational Ontology)도 서양적 문화와 동양적 문화에서 공통으로 드러나긴 하지만 동양적 문화에서 더 전형적으로 그리고 명확하게 드러난다. 서양적 문화도 최근 관계적 존재론에 눈을 뜨

긴 했지만, 그것이 이 문화의 주류는 아니었다. 게다가 서양적 문화는 자연을 지배하고 길들이려는 경향을 여전히 떨쳐버리지 못하고 있다. 그러나 역의 음양사상이나 불교의 연기사상에서 보듯이, 관계적 존재론은 오랫동안 동양적 문화의 주류였다. 이런 맥락에서 21세기에는 지구에서 문화의 전환이 일어나야 할 것 같다. 그래야만 인류가 인간답게 살 수 있는 실마리라도 잡을 수 있지 않겠는가.

둘째로, 자본주의라는 욕망의 블랙홀. 자본주의도 서양적 문화의 산물이다. 이 자본주의가 지구촌을 바야흐로 욕망의 블랙홀로 밀어 넣고 있다. 다시 말해 이 자본주의는 욕망을 먹고 살아가는 경제체제이자 문화로서, 인간을 욕망의 블랙홀에 빠뜨려 헤어나지 못하게 하고 있다. 그리고 20세기에 이미 자본주의는 지구적 자본주의가 되어버렸다. 그러므로 우리가 이 지구적 자본주의에서 벗어나지 않는 한, 욕망의 블랙홀로부터도 벗어날 길이 없다. 기업은 이윤추구와 이윤의 극대화를 위해서 끊임없이 기술을 혁신하여 소비자 대중의 욕망을 산출해야 하고, 급기야 욕망을 가상적으로 만들어내기까지 한다. 하이데거가 경고했듯이, 이 지구적 자본주의에서 지구적 생태계는 석탄, 석유, 천연가스, 광물 등의 자원을 저장하고 있는 창고로서 간주되어 지구의 대지는 파헤쳐지고 산림은 파괴되어 황폐화되고 있다. 심지어 달과 화성도 자본주의는 가만히 둘 것 같지 않다.

그럼 인간의 눈으로만 자연을 보지 말고 바이러스의 눈으로 이 지구와 인간을 살펴보자. 바이러스는 말을 하지 못하므로 인간이 바이러스를 대신해서 말을 할 수밖에 없다. 그럼 오늘날 세계적으로 유행하고 있는 코로나 바이러스의 설법, 즉 메시지를 인간의 말로 번역해보자.

우리는 60-70나노미터에 불과한 하찮은 바이러스야. 핵산은 있지만 DNA는 없고 RNA만으로 생존하기 때문에, 우리는 그동안 박쥐 같은 동물에 기생해서 살아왔어. 여태까지 박쥐에 달라붙어서 편안하게 살아왔는데 어느 날 박쥐가 많이 줄어들어 우리가 살기 힘들어졌어. 산림이 급격하게 훼손되어 먹이인 곤충도 줄어들고, 서식지도 파괴되면서 박쥐가 많이 줄어들었지. 그런데 박쥐든지 곤충이든지 바이러스든지 간에 여태까지 살던 곳을 갑자기 바꾸기란 정말 힘들어. 인간들은 광산을 개발하거나 농토를 개간하기 위해서 산림을 많이 훼손해왔지. 광산이 개발될 경우 광산이 있는 곳만 훼손되는 게 아니야. 광물을 운반하는 도로도 만들고 광부들의 거주지도 만들어야 해. 그러면 당연히 밀림은 생각보다 엄청나게 많이 훼손되는 거야. 이제 박쥐는 광산으로 개발된 곳에서 인간과 더불어 살아가지 않을 수 없어. 그러면 박쥐도 살기가 힘들어지고 박쥐 떼도 줄어들지 않을 수 있지. 박쥐에 붙어사는 우리도 살기 힘들어지는 건 마찬가지라고.

우리도 계속해서 생존하고 번식하려면 박쥐에게만 의존할 수는 없지. 박쥐의 몸을 떠나 인간으로 옮겨가야 해. 그런데 이건 우리에게도 굉장한 모험이야. 종 간의 벽을 뛰어넘어야 하니까. 그리고 인간들은 온갖 동물을 다 잡아먹잖아. 박쥐도 원숭이도 천산갑도 잡아먹지. 이게 우리에게는 인간에게 달라붙을 좋은 기회야. 다행히 우리는 RNA밖에 없어서 혼자 살 수는 없어도 변이하기는 쉬워. 우리가 생존하려면 진화해서 박쥐라는 종으로부터 인간이라는 종으로 넘어가야 했지. 어떻게 그럴 수 있느냐고? 그건 우리도 몰라. 생존 본능일 뿐이야.

사실 우리는 박쥐보다도 인간이 더 좋아. 단백질도 풍부하고 항체도 없어서 번식하기 딱 좋은 곳이 인간의 몸이야. 게다가 인간 세상은 기술적 연결망과 사회적 연결망이 잘 갖추어진 곳이잖아. 우리가 가만히 있어도 중국에서 한국으로, 일본으로, 유럽으로, 미국으로 어디든지 다 갈 수 있어. 술집이든, 경기장이든, 교회든, 학교든, 회사든 간에 사람들이 밀집해 있는 도시가 특히 우리가 좋아하는 곳이야.

우리는 인간들이 쉽게 백신을 만들 수 있는 바이러스가 아니야. 수십억

년 동안 우리는 생존하고 번식하면서 진화해왔지. 그런 점에서 인간은 우리의 적수가 아니야. 우리는 인간들의 기술을 능가하는 생존 능력이 있지. 그러니 인간들아, 우리를 길들이려 하지 말고 자연의 경고를 받아들여라. 그리하여 우리 삶의 터전인 숲을 더 이상 훼손하지 마라! 그리고 동물을 마구 먹지 말고 동물의 생명을 존중하라.[65]

자아에 바탕을 두는 서양문화의 개인주의는 21세기에는 더 이상 적절하지 않을 것 같다. 그런 개인주의적 생활 태도는 죽을 줄도 모르고 한순간의 쾌락을 위해 불에 뛰어드는 부나비처럼 사는 삶으로 연결될 수 있기 때문이다. 자연과 생명을 존중하고 절제하는 삶을 되찾아야 한다. 욕망을 충족하기 위해 열광하는 삶은 재앙을 초래할 뿐이다. 그리고 21세기의 재앙은 돌이킬 수도, 어찌할 수도 없는 재앙이 될 가능성이 크다. 따라서 21세기에는 문화의 과감한 전환이 요청되지 않을 수 없다. 우리가 더 이상 환경 재난 속에 살아가지 않으려면 이 요청을 받아들여야 할 것이다.

기술철학은 서양문화에서만 성립할 수 있다. 그러나 동양은 이미 백여 년 전부터 서양문화에 압도되었다. 그렇기에 서양의 과학기술뿐만 아니라 기술철학도 동양에서는 그대로 도입하여 따라가지 않을 수 없었다. 동양에서는 서양과 같은 자본주의도 산업혁명도 일어나지 못했고, 자본주의와 기술발전은 단순히 서양으로부터 이식될 수만 있었기 때문이다. 그래서 동양에서는 기술철학이 나올 수 없었다. 따라서 동서양의 기술철학을 비교하는 작업도 성립할 수 없다. 단지, 서양의 기술철학에 함축된 형이상학이나 존

---

65) brunch.co.kr에 실린 「나는 코로나 19로소이다」를 본뜬 글임.

재론을 동양의 형이상학과 존재론과 비교할 수 있을 뿐이다. 다행히도 서양의 기술철학에는 자연과 인간의 관계, 자연의 본질에 대한 사유가 분명히 드러나 있다. 그러므로 우리는 이를 바탕으로 삼아 동서사상을 비교하고 검토할 수 있다.

서양의 기술철학에 나타난 자연과 인간의 관계는 인간이 주체가 되고 자연을 대상으로 삼아 지배하고 정복할 수 있다는 것이다. 이럴 경우 자연은 인간이 욕망을 충족하거나 인간적 목적을 달성하기 위해 이용하는 경제적 자원이나 수단에 불과하다. 그 첫번째 발걸음이 마르크스의 기술철학이다. 마르크스는 자본주의가 인간과 자연의 물질대사를 교란하여 자연을 황폐화한다고 비판하긴 했다. 하지만 그는 공산주의 단계에서 기술을 통한 자연 지배와 정복이 가능하며, 인간의 유적 본질이 성취될 수 있다고 보았다. 하이데거는 존재론적 관점에서 기술을 통한 자연의 지배와 정복이야말로 존재망각에 빠져든 서양 형이상학의 귀결로 보았고, 인간이 존재와의 본원적 관계를 회복해야 한다고 호소했다. 20세기의 서양 기술철학자 중 하이데거는 가장 확실하게 서양의 문화와 과학기술을 비판하긴 했지만, 그도 여전히 플라톤 이전 그리스의 존재 사유에서 돌파구를 찾으려고 하였다. 이런 점에서 그는 동양의 존재론과 형이상학에 근접했으나 서양적 문화와 전통을 벗어나려고 하지 않았다.

하이데거 이후 시몽동과 라투르는 서양의 과학기술에 부정적이었던 하이데거를 극복하려고 노력하였다. 시몽동은 기술을 긍정적으로 받아들이는 기술적 문화를 수립하려고 노력하였다. 그리고 라투르는 실험실에서 자연을 길들이는 작업을 옹호했다. 그들은 동양사상을 아예 무시했지만, 자신들의 기술철학에서 관계적 존재론(Relational Ontology)을 수립함으로써 암암리에 동양의 존재론과 형이상학에 다가섰다.

그럼에도 불구하고 그들의 기술철학은 여전히 자연의 지배와 정복이라는 서양문화의 이념을 떨쳐버리지 못하였다. 그러나 기후 변화나 코로나 바이러스 대유행과 같은 재앙은 자연의 지배와 정복이라는 이 이념을 가소롭게 만들고 있다. 실험실에서 기후 변화를 다스릴 기술도 코로나 바이러스를 박멸할 기술도 아직 나오지 않고 있기 때문이다.

이렇게 속수무책으로 불투명한 재앙에 휘둘리다가 희망의 끈마저 놓치는 일이 있어서는 안 될 것이다. 이 희망의 끈은 이제 문화의 전환밖에 없다. 지구적 자본주의를 변혁하고 자연의 지배와 정복이라는 서양문화의 헛된 이념을 내치기 위해서는 패러다임을 바꿔야 할 때가 왔다. 그리하여 우리는 동서사상의 만남을 통하여 동양의 관계적 존재론으로 회귀해야 한다. 과학기술도 장기적으로 이 관계적 존재론에 바탕을 두고 민주적으로 발전시켜나가야 할 것이다. 그리고 욕망의 블랙홀도 지구적 자본주의가 저질러 놓은 재앙이다. 지구적 자본주의를 변혁함으로써 욕망의 블랙홀이 저절로 사라지지 않겠지만, 적어도 그것이 사라질 수 있는 계기는 될 수 있을 것 같다. 이것이 오늘날 우리에게 주어진 최소한의 생존 조건이 될 것이다.

2. 『주역』의 64괘와 화엄의 인다라망

(1) 『주역』의 64괘

『주역』은 중국의 고대인들이 길흉을 예측하기 위해 만들어낸 점서이다. 그리고 『주역』에 나오는 64괘는 만사만물을 상징하며 세상이 돌아가는 이치를 묘사하는 상징이자 패턴이다.

중국의 고대인들은 자연의 변화와 인간사의 변천이 아무렇게나 일어나는 게 아니라는 걸 우선 인식하였다. 그뿐만 아니라 그들은 인간사의 변천도 자연의 변화에 의거하여 살필 수 있음을 차츰 인식했다. 가령, 그들은 달이 차면 기울고 중천에 뜬 해도 어느덧 서산으로 지고야 만다는 사실을 꾸준히 관찰한 뒤에 인간의 부귀 영화나 행복도 정점에 도달하면 점차 사라질 수밖에 없음을 깨달았다. 가득 찬 것은 오래가지 못하기 때문에 『주역』은 건괘䷀ 중에 제일 위에 있는 양효를 가리켜 "높이 올라간 용은 후회한다." (亢龍有悔, 「건괘 경문」)라고 하였다. 그러나 그 반면에 어두운 밤도 새벽이 되면 밝아지듯이 어려운 시절도 좋은 시절로 변할 수 있다. 그래서 『주역』은 "역은 궁하면 변하고 변하면 통하고 통하면 오래간다."(易 窮卽變 變卽通 通卽久, 「계사전」)라고 하여 인간이 변화의 이치를 알고 노력하면 곤경을 벗어날 수 있다고 보았다. 이런 식으로 『주역』은 자연의 미묘한 변화를 깊이 관찰하여 일정한 패턴을 파악함으로써 이 패턴으로부터 인간사가 돌아가는 이치를 끌어내었다.

『주역』은 상을 통해서 길흉을 드러내고 인간들이 살아가야 할 길을 알려준다. 그렇기에 "역이란 것은 상이다."(易者 象也, 「계사전」)라고 하였다.

그럼 상(象)이란 무엇인가? 상이란 『주역』에서 괘상과 효상을 가리킨다. 괘상과 효상이 만사만물을 상징하기 때문에 상은 물상(物象)일 수 있다. 그러나 상은 여기서 그치는 게 아니라 취상의 뜻도 함축한다. "상이란 것은 형상을 본뜬 것이다."(象也者 像也, 「계사전」) 여기서 형상을 본뜬다는 것은 사태나 사물의 유사성에 근거해서 형상화한다는 뜻일 것이다.[66]

상은 영어로 picture, symbol, image 등등 다양하게 번역될 수 있다. 그러나 이 글에서는 상을 symbol, pattern으로 간주하려고 한다. 「계사전」에서 서(書), 언(言), 상(象)이 구별되어 상이 의를 가장 잘 드러내는 것으로 간주되기 때문이다. "글은 말을 다하지 못하고 말은 뜻을 다하지 못한다. … 성인이 상을 세워서 뜻을 다하고 괘를 베풀어 참되고 거짓됨을 다한다."(書不盡言 言不盡義 … 聖人 立象而盡意 設卦而盡情僞, 「계사전」) 그렇다면 말과 글 같은 기호는 괘의 상징과는 다르며, 말과 글이 아니라 상이야말로 성인의 의도를 다 드러낼 수 있는 셈이다.

이런 사상은 상징과 기호를 나누어 상징보다는 기호에 우위를

---

66) 정병석, 「주역과 역상」, 『유교사상문화연구 32』, 2008, p.268.

두는 서양의 전통적 사상과는 거리가 멀다. 상징은 기호보다 명확하지 못하지만, 기호보다 훨씬 풍부한 의미를 띨 수 있다. 그렇기에『주역』은 기호보다 상징이 더 우월하다고 말하고 있는 셈이다. 그리고 상징은 기호보다 이미지에 가깝고 이미지를 풍부하게 간직하고 있다. 그러나 기호는 이미지를 추상화한 것이라서 우리는 기호에서는 이미지를 연상할 수 없다. 그런 점에서 기호는 이미 소쉬르가 말했듯이 자의적이다. 따라서 글과 말을 기호로 보고 상을 symbol로 간주하는 게 좋을 듯하다. 또한 8괘와 64괘에서 우리는 이미지를 연상할 수 있으나 그것들을 이미지로 환원할 수는 없다. 이미지는 의미가 직접적으로 달라붙어 있어서 상징만큼 풍부한 의미를 간직할 수 없기 때문이다.67)

『주역』에는 사태나 사물에서 상을 취하는 과정이 구체적으로 언급되고 있다. "대저 상이란 성인이 천하의 잡난한 것을 보아서 그 모습을 비겨본 것이고 사물의 마땅함을 형상화하므로 이런 까닭에 상이라고 한다."(聖人 有以見天下之賾 而擬諸其形容 象其物宜 是故謂之象, 「계사전」)

또한 복희씨가 8괘의 상을 만드는 과정도 구체적으로 제시되고 있다. "옛날에 복희씨가 천하의 왕으로 있을 때 우러러 하늘에서 상을 보고 구부려 땅에서 법을 보아 날짐승과 길짐승의 무늬와

---

67) 박연규, 「주역괘의 은유적 이미지」,『공자학』4권0호, 1998에서 괘는 음양 이미지에 의해 만들어진 은유라고 주장한다. 이 주장은 음양이 괘상의 바탕이 됨을 충분히 인식하긴 했지만 이미지와 상징을 잘 구별하지 못한 것 같다. 음--과 양―도 이미지가 아니라 상징이라고 보아야 하기 때문이다.

더불어 땅의 마땅함을 봄으로써 가깝게는 몸에서 취하고 멀게는 물건에서 취해서 비로소 팔괘를 만들었다."(古者包犧氏之王天下 也 仰則觀象於天 俯則觀法於地 觀鳥獸之文 與地之宜 近取諸身 遠取諸物 우레를 「계사전」)

음양을 본다면 등은 양이고 배는 음이며, 여성은 음이고 남성은 양이며, 물은 음이고 불은 양이다. 팔괘는 여덟 가지 사물의 형상을 상징한다. 건☰은 하늘을, 곤☷은 땅을, 진☳은 우레를, 손☴은 바람을, 감☵은 물을, 리☲는 불을, 간☶은 산을, 태☱는 연못을 각각 기본적으로 상징한다. 음과 양이 다양한 사물을 상징하듯이 8괘도 역시 다양한 사물을 상징한다. 몸에서 취한 8괘의 예는 "건은 머리, 곤은 배, 진은 말, 손은 넓적다리, 감은 귀, 리는 눈, 간은 손, 태는 입이 된다."(「계사전」) 물건에서 취한 8괘의 예는 "건은 말, 곤은 소, 진은 용, 손은 닭, 감은 돼지, 리는 꿩, 간은 개, 태는 양이 된다."(「계사전」)

그리고 하늘로부터 성인이 일단 받은 상(象)은 백성을 널리 이롭게 하는 기술의 바탕이 된다. 그러므로 상은 제멋대로 만들어진 것이 아니라 자연을 본뜬 것이고, 기술은 자연을 넘어서지 못한다. 예컨대, "노끈을 매어 그물을 만듦으로써 사냥하고 물고기를 잡으니 대개 리괘☲에서 취했고, 복희씨가 죽고 신농씨가 일어나 나무를 깎아 보습을 만들고 나무를 휘어 쟁기를 만들어서 밭 갈고 김매는 이로움을 주어 천하를 가르치니 대개 익괘☶에서 취했다."(作結繩而爲罔罟, 以佃以漁, 蓋取諸離. 包犧氏沒, 神農氏作, 斲

木爲耜, 揉木爲耒, 耒耨之利, 以教天下 蓋取諸益,「계사전」) 이런 맥락에서 『주역』에 등장하는 기술은 오늘날과 같이 자연을 지배하고 정복하기 위한 무시무시한 기술이 아니라 자연을 본뜨고 자연에 순응하면서 인간의 이로움을 널리 추구하는 기술이라고 볼 수 있을 것이다.

그럼 우리가 음양, 8괘, 64괘의 상을 상징이면서 동시에 패턴이라고 간주할 이유가 무엇일까? 이 상들이 오랜 학습과 기억의 산물이기 때문이다. 중국의 고대인들은 오랜 경험을 통해 자연이 음과 양의 두 기운으로 움직인다는 이치, 즉 음양의 이치를 터득했다. 그들은 이 음양의 이치에 근거해서 8괘의 상을 우선 만들어 세상이 어떻게 돌아가는지를 파악하려고 하였다. 그러나 8괘의 상은 복잡다단한 세상을 파악하기에는 부족하다고 여겼기 때문에, 8괘를 중첩해 64괘를 만들었다. 64괘의 상도 만사만물을 다 상징하기에는 어려우므로 『주역』은 그것을 "이끌어 펴서 종류를 더듬어 펴나갈 것"(引而申之 觸類而長之,「계사전」)을 요구했다. 다시 말하자면 상을 보고 사를 음미하여 추상적 사고를 통해 상을 본뜨고 응용할 것을 『주역』은 요구했다.

이러한 요구는 오늘날 패턴인식 마음이론과 상통하는 바가 있다. 이 이론에 따르면 인간의 뇌는 계산하는 데는 적합하지 않고 패턴을 인식하여 추상적인 사고를 하는 데 적합하다. 일단 인간은 학습을 통해 패턴을 인식하면 이 패턴의 기억에 근거해 유사성을 통해 새로운 상황을 해석한다. 바둑의 경우를 보자면, 바둑의 수가

거의 무한에 가깝기 때문에 바둑기사가 일일이 수를 읽어나가는 것은 불가능한 일이다. 그렇기에 그는 일정한 패턴(바둑의 정석)을 학습하여 기억하고 이 패턴에 근거해 모양의 급소를 찾아나간다. 그러고 나서 그는 수읽기를 해나갈 것이다.68)

바둑은 정석이 있긴 하지만 경우의 수가 워낙 복잡하므로 모든 경우에 정석을 제시할 수 없다. 그러나 인간은 컴퓨터와는 달리 왜곡된 패턴도 쉽게 인식할 수 있는 능력이 있다. 비록 모양이 조금 다르더라도 모양의 급소를 찾을 수 있는 바둑기사의 능력은 왜곡된 패턴도 쉽게 인식할 수 있는 인간의 능력으로부터 나올 수 있는 것이다.

이와 마찬가지로 64괘의 상이 복잡다단한 인간사의 모든 경우를 일일이 드러낼 수는 없다. 그리하여 64괘에 근거해서, 64괘의 상에 꼭 들어맞지 않는 사태나 사물이라 하더라도 유사성을 통해서 그것들을 파악해가는 추상적 작업을 『주역』은 요구하는 것이다. 그럼으로써 우리는 그것들의 숨겨진 의미를 파악할 수 있을 것이다.

『주역』의 64괘가 아무렇게나 만들어진 것이 아니듯이 64괘의 순서도 아무렇게도 배열되는 건 아니다. 『주역』의 「서괘전」에서는 건괘로부터 미제괘로 이어지는 64괘의 순서가 그 나름대로 정당화되고 있다. "천지가 있은 뒤에 만물이 생기니(건괘䷀와 곤괘䷁) … 물

---

68) 패턴인식 마음이론은 레이 커즈와일, 『마음의 탄생』, 윤영삼 역, 크레센도, 2016, p.109 이하에 요약되어 있다. 인공지능은 이 마음이론을 알고리즘의 바탕으로 삼아 연산을 하고 패턴을 인식한다. 그래서 그것은 바둑경기에서 인간 바둑 고수를 가볍게 이길 수 있었다.

건이 궁할 수 없기 때문에 미제괘☲☵로써 받아 마친다."(「서괘전」)

이 순서가 꼭 필연적일 필요는 없다. 「서괘전」은 만사만물을 상징하는 64괘가 연결망을 형성하여 만사만물이 서로 얽히고설켜 있음을 보여주면 된다. 64괘의 연결망은 우리가 필요에 따라 다시금 만들어나가면 되는 것이다.

64괘 가운데 50연괘는 건괘와 곤괘를 위시한 사시지괘(12지괘, 곤괘☷☷ → 복괘☷☳ → 림괘☷☱ → 태괘☷☰ → 대장괘☳☰ → 쾌괘☱☰ → 건괘☰☰ → 구괘☰☴ → 돈괘☰☶ → 비괘☰☷ → 관괘☴☷ → 박괘☶☷)로부터 음양의 추이를 통하여 도출될 수 있다. 음양의 추이(양효를 밀어 올리거나 음효를 밀어 내림)를 통해 도출될 수 없는 두 괘, 즉 재윤괘인 중부괘☴☱와 소과괘☳☶는 교역(상하괘의 교체), 변역(여섯 효가 음양이 바뀜), 반역(전도시킴) 등을 통해 50연괘로부터 도출될 수 있을 것이다.

그런 점에서 주역 64괘는 이래저래 얽히고설켜 있는 셈이다. 이러한 얽히고설킴은 주역 64괘가 상징하는 만사만물이 얽히고설켜 있음을 뜻한다. 따라서 주역 64괘가 상징이나 패턴으로서 기호학적으로 제시되더라도 그것은 관계적 존재론을 함축한다고 말할 수 있을 것이다. 결국 주역 64괘의 뜻은 관계적 존재론에서 찾아야 할 것이다.

(2) 화엄의 인다라망

불교의 연기사상은 관계적 존재론의 관점에서 역의 음양사상과 매우 유사하다. 불교의 연기사상은 초기의 『아함경』에서는 "이것이 있기 때문에 저것이 있고 이것이 발생하기 때문에 저것이 발생한다. … 이것이 없기 때문에 저것이 없고 이것이 소멸하기 때문에 저것이 소멸한다."라는 꼴로 표현되어 있다. 따라서 불교의 연기사상은 존재하는 모든 것이 자성이 없어서 저 홀로 설 수 없고 인과적으로 서로 얽히고설켜 있음을 뜻한다. 초기의 이런 연기사상을 존재론적으로 가장 잘 드러낸 비유가 화엄의 인다라망이다.

우리가 잘 알다시피 인도의 소승불교는 중국으로 건너와 대승불교로 발전하였다. 화엄철학은 대승불교의 특색을 가장 잘 대표한다. 전설에 따르면 용수가 용궁에서 가져온 화엄경에 입각하여 중국의 화엄철학이 성립하였다. 화엄이란 온갖 꽃으로 장식된 장엄한 꽃밭을 뜻하는데, 광대무변한 불법(佛法)을 비유한 말이다. 온갖 꽃으로 장식된 꽃밭에서 꽃들은 제각기 흐드러지게 피어 있으면서도 서로 아무런 장애 없이 어우러지지 않는가. 이런 점에서 화엄은 불법의 무애하고 원융한 면모도 비유적으로 표현한다고 할 수 있을 것이다.

화엄철학에서는 존재하는 모든 것은 마음에 비친 영상에 불과하므로 참된 실재가 아니다. 다시 말해서 존재하는 모든 것은 마음이 만들어낸 것에 불과하다(一切唯心造). 그리하여 존재하는 모든 것은 서로를 비추는 거울이자 이 거울에 비치는 영상으로서 서로 연결되어 있다. 그러나 존재하는 모든 것의 연결망은 일심(一心) 안에 담겨 있다. "화엄의 총체적 관점에 따르면, 우주의 모든 사물은 '거울'이면서 동시에 '영상'이다. 그것은 모든 사물을 반사하기 때문에 거울이다. 그리고 그것은 동시에 다른 사물에 의해 반사되기 때문에 영상이다. 말하자면 하나의 사물은 － 적어도 어떤 방식에서 － 다른 모든 사물과 관계되는 한, 그것은 그것들 모두를 반사하고, 어떤 특정한 사물의 존재가 다른 사물들에 의존하지 않을 수 없는 한, 그것은 그것 자신과는 다른 대상들의 '영상'이나 반영이라고 말할 수 있다."[69]

법장은 이와 같은 법계 연기를 불교의 수호신인 제석천의 궁전에 펼쳐진 인다라망에 비유하였다. 인다라망은 이 궁전의 사방으로 펼쳐져 있는 그물로 이 그물코들에는 각기 보배구슬이 달려 있어 한 구슬이 다른 모든 구슬을 서로 비추거나 그것에 비친다. 이는 존재하는 모든 것이 서로 거울과 영상이 번갈아 되면서 어우러져 하나가 되고 서로 작용함을 의미하는 비유다. 그런데 이러한 관계는 끝없이 이어지기 때문에 중중무진(重重無盡)이라고 한다.

징관은 거울과 영상의 비유를 특히 중생의 마음 안에 있는 부처에도 적용하였다. "(중생의 마음 안에 있는 부처라는 비유는) 첫째, 하나의 맑은 거울에 스승과 제자가 같이 마주하여 설하고 듣는 것과 같다. 스승으로서 그것을 취하면 곧 스승의 거울이요, 제자로서 취하면 제자의 거울이다. 거울은 일심을 비유하고 스승

---

69) 까르마 츠앙, 『화엄철학』, 이찬수 옮김, 경서원, 1998, p.225.

과 제자는 중생과 부처에 비유한다. 이것은 이를테면 제자 거울 안의 화상이 화상 거울 안의 제자에게 법을 설하니 항상 거울 안의 제자가 제자 거울 안의 화상으로부터 설법을 듣는 것이다."70) 그는 화엄철학에서 존재하는 모든 것이 일심이란 거울에 비친 것에 불과하므로, 스승이 제자에게 베푸는 설법도 스승과 제자의 상을 무너뜨리지 않고 마음 안에서 일어나는 설법이라고 본 셈이다.

불교에서 말하는 '일체유심조(一切唯心造)'를 글자 그대로 "모든 것은 오로지 마음이 만든다."라는 뜻으로 새기는 것은 오해를 일으킬 수 있다. 기독교에서 신이 인간과 자연을 창조하듯이 인간의 마음이 일체를 창조한다고 이해되기 때문이다. 게다가 이 말은 모든 게 마음에 달렸다는 뜻도 아니고, 존재하는 모든 것이 실재하지 않기 때문에 아무런 가치나 의미가 없음을 뜻하지도 않는다. 우리가 사는 이 세상은 우리 마음의 거울이 비추는 대로 보일 뿐이다. 욕심으로 가득 찬 자본가들의 마음 거울에는 자연이란 떼돈을 벌어줄 수 있는 자원의 보고로 비칠 테지만, 관광객의 마음 거울에는 쾌락의 대상으로 비칠 수 있을 것이다. 그러나 불교에서는 자연을 있는 그대로 보아야 존재의 실상이 드러난다고 한다. 우리가 돈 벌 욕심에 사로잡혀 자연을 보려고 한다면 자연은 돈을 벌기 위한 자원이나 수단으로 보일 것이고, 자연을 쾌락의 수단으로 보려는 사람들이라면 자연은 그야말로 디즈니랜드와 같은 놀이동산으로 보일 것이다. 존재의 실상을 보려면 우리는 욕심으로부터

---

70) 징관, 『화엄경 현담』 2, 실상사화엄학림 번역, 대한불교조계종교육원, 2003, p.215.

일단 벗어나야 한다. 그럴 때 드러나는 존재의 실상이 바로 화엄의 인다라망이다. 이 인다라망에서는 하나가 일체를 품고 일체가 하나가 되며, 순간이 영원을 품고 영원이 순간이 된다. 인다라망의 한 그물코를 잡아당기면 모든 그물코가 따라 올라오기 때문에 인다라망이라는 비유는 적절한 것 같다. 그래서 의상은 다음과 같은 게송을 남겼다.

하나 속에 모든 것이 있고 모든 것 속에 하나가 있으며	一中一切多中一
하나 그대로 모든 것이며 모든 것 그대로 하나이니	一卽一切多卽一
한 티끌 속에 시방을 머금고 ...	一微塵中含十方 ...
한량없이 먼 시간이 한 순간이요	無量遠劫卽一念
한 순간이 한량없는 시간이네	一念卽時無量劫[71]

이와 같은 게송은 길이와 크기를 따지는 상식적인 관점에서는 황당할 뿐이지만 화엄철학에서는 참된 법이라고 본다. 화엄철학에서만 그런 게 아니라 『주역』에서도 그렇다. 역은 태극 → 음양 → 사상 → 팔괘 → 64괘로 전개되지만, 음양, 사상, 팔괘, 64괘는 각각 그 자체로 태극이다. 그리하여 하나인 태극이 만사만물의 상징인 64괘를 품고, 음과 양, 64괘 각각이 태극이므로 一中一切多中一, 一卽一切多卽一이 성립할 수 있다.

상식적으로 황당한 이런 설법은 고대 서양철학에서도 등장했으며 헤겔의 『논리학』에서는 형이상학적으로 논증되었다.[72] 그뿐만

---

71) 의상, 『법성게』, 정화 풀어씀, 법공양, 2006, p.4. 번역을 좀 고쳤다.

아니라 기독교 신비주의 전통에 속하는 시인 윌리엄 블레이크도 「순수의 전조」라는 시에서 불교의 이런 설법을 불교와는 다른 식으로 표현하였다.

> 한 알의 모래 속에 세계를 보며
> 한 송이 들꽃에서 천국을 보려면
> 그대 손바닥 안에 무한을 쥐고
> 한 순간에 영원을 담아라.

그러면 이런 말이 성립될 수 있는 근거가 무엇일까? 우리는 상식적으로 크기와 길이의 관점에서 사물을 보니 이런 주장이 황당한 생각이라고 여길 수 있다. 그러나 우리가 관계의 관점에서 사물을 보면 하나가 일체를 머금을 수 있고, 순간이 영원일 수 있다.

3. 과학기술 시대를 위한 동서사상의 만남

오늘날 지구적 자본주의로 말미암아 지구촌의 사회적 연결망이 촘촘하게 이루어졌을 뿐만 아니라 교통과 통신의 눈부신 발달로 말미암아 기술적 연결망도 원활하게 이루어졌다. 이렇게 연결망이 이루어짐으로써 지구촌은 시간적으로나 공간적으로나 매우 가까워졌고, 문화적으로도 교섭이 아주 빈번해졌다. 그리하여 이제는 단순한 문물의 교류를 떠나 바야흐로 동서사상이 만나야 할

---

72) 이에 대해서는 조홍길, 『헤겔, 역과 화엄을 만나다』, 한국학술정보, 2013을 참고하라.

때가 도래한 것 같다. 그러나 동서양이 이렇게 가까워졌음에 불구하고 동서양의 문화는 여전히 이질적이고 동서사상이 만나기에도 무척 어렵다. 그렇다고 해서 동서사상의 만남이 외면되어서는 안 된다. 지구적 위기는 21세기에 들어서서 아주 심각하므로 동서사상의 지혜를 모아 지구적 위기를 해결할 실마리를 찾아야 하기 때문이다.

지금으로부터 약 1500년 전 인도에서 중국으로 불교가 건너와 대승불교가 성립하고 당나라 시대에 불교의 화엄종이 굳건하게 꽃을 피웠다. 화엄종은 1조 두순, 2조 지엄, 3조 법장, 4조 징관으로 그 법통이 이어졌으며, 징관 때 화엄종은 당나라 문화를 선도해 나갔다. 그러나 징관은 화엄종의 불법을 지키는 데 몰두하여 유가사상과 도가사상을 비판함으로써 불교의 순수성과 우수성을 지키려는 데 힘썼을 뿐 유가사상과 도가사상을 화엄철학 안으로 거두어들이려는 노력을 게을리하였다.

> 다분히 소승의 인연으로도 외종(外宗)의 깊고 묘함을 깨뜨렸는데, 하물며 진공묘유(眞空妙有)하고 사(事)와 리(理)가 원융하며 깨끗함과 더러움이 모두 펼쳐졌으며 일(一)과 다(多)가 걸림이 없고 거듭거듭 서로 비추어 시시각각 원융한 화엄의 이치는 말할 나위가 있겠는가. 한때의 조그만 명리를 구하여 삼교가 하나의 이치라고 섞어버리거나 올바르지 못한 견해의 독한 종자를 익혀 지옥의 깊은 인연을 삼거나, 무명(無明)의 원류를 열어서 종자의 깊은 길을 꺾지 말라. 경계하고 경계하여서 전수할 사람을 반드시 잘 간택하라.[73]

---

73) 징관, 『화엄경 현담』2, 실상사화엄학림 역, 대한불교조계종교육원,2003, p.279. 번역을 좀 고쳤다.

징관은 불법을 지키려는 데 힘을 쏟다 보니 유가철학이나 도가철학을 배타적으로 다루었다. 징관의 이런 자세는 삼교(유교·불교·도교)의 회통은 물론 동서사상의 만남에 결코 도움이 될 수 없을 것이다. 그 반면에 신라의 원효는 유가사상과 도가사상을 대승불교에 거두어들이면서 대승불교에 의거하여 삼교의 회통을 기하려고 하였다.

> 처음 총체를 나타내는 것은, 저 대승(大乘)의 체(體)됨이 고요하여 적막하며, 깊어서 그윽하다. (이 대승의 체가) 깊고 또 깊으나 어찌 만사의 밖을 벗어났겠으며, 고요하고 또 고요하나 오히려 백가(百家)의 말 속에 있다.[74]

원효의 이런 자세는 그 당시뿐만 아니라 오늘날에도 시사하는 바가 크다. 그의 이런 자세를 본받아서 이 난세에 동서사상의 만남을 꾀해보자.

앞에서도 보았다시피, 동양사상에서는 이미 2500년 전에 관계적 존재론이 싹텄고 그 이후 주류를 이뤘다. 서양사상에서도 동양과 거의 비슷한 시기에 관계적 존재론이 싹텄지만, 이 존재론은 주류가 아니었다. 19세기 헤겔의 『논리학』에서 비로소 처음으로 관계적 존재론이 논리적으로 서술되었으나 그는 주관성의 형이상학을 이 존재론 위에 두었다. 그러다가 20세기에 들어서서 프랑스의 기술철학에서 관계적 존재론이 다시금 부상했다. 특히 라투

---

74) 원효, 『대승기신론소』, 은정희 역주, 일지사, 1991, p.18.

르는 행위자-연결망 이론에서 동양의 관계적 존재론에 상당히 근접한 관계적 존재론을 제시하였다. 고대와 현대의 시대적 차이, 동양사상과 서양사상의 이질성을 염두에 두면서 동서사상의 만남을 세 가지 측면에서 살펴보자.

첫째로, 존재하는 모든 것이 연결되어 서로 작용한다는 생각은 동서양의 관계적 존재론에 공통적이다.

둘째로, 동서양의 관계적 존재론은 시간적이거나 공간적인 크기에 구애받지 않는다. 관계라는 관점에서 이 세상을 보기 때문이다. 티끌 속에서 온 우주를 보는 화엄의 사고방식은 라투르의 다음과 같은 사고방식과 일맥상통한다.

> 네트워크의 개념은 … 우리에게 사회적이거나 '실제'의 공간이라는 관념이 아닌 관계라는 관념을 제공한다. … 네트워크 개념은 우리로 하여금 사회이론이 생겨난 이래 유행해온 거시/미시 구분을 없앨 수 있게 한다. … 네트워크 개념은 멀고 가까움, 크고 작음에 이어지는 세 번째 공간적 차원을 제거해준다. … 질문할 수 있는 것은 오로지 두 요소 사이에 연결이 만들어졌는가 아닌가 하는 것뿐이다.[75]

셋째로, 비인간(非人間), 즉 사물을 차별하지 않는다. 라투르는 사물도 인간처럼 행위자로 취급했기 때문에 격렬한 비판과 반발을 받았다. 인간만이 행위의 주체가 될 수 있다는 고정관념이 이런 비판과 반발을 낳았을 것이다. 이런 비판과 반발에 맞서 라투르는 비인간에 대한 차별, 즉 인간과 비인간의 비대칭은 비인간들

---

75) 브루노 라투르, 『인간·사물·동맹』, 홍성욱 엮음, 이음, 2018, p.103-p.105.

이 인간들을 만들어낸다는 집합체의 측면을 무시하는 처사라고
반박하였다.

> 둘째 작업은 모든 질문 중 가장 어려운 질문, 당신은 모두가 함께 좋은
> 삶을 살아갈 준비가 되었는지, 또 어떤 희생을 치를 수 있는지 답하는 것
> 이다. 이렇게 높은 수준의 정치적이며 도덕적인 질문들이 수세기 동안 수
> 많은 명철한 정신들에 의해 인간들을 만들어내는 비인간들을 제외한 채
> 오직 인간들을 위해서 제기되어 왔다는 것은, 단언하건대, 헌법제정가들
> 이 노예와 여성은 투표하는 것을 반대하였던 때와 마찬가지로 터무니없
> 는 것으로 여겨지게 될 것이다.[76]

여기서 라투르는 서양철학의 인간 중심적 편견(인간중심주의)
을 비판하는 셈이다.[77] 그런데 동양사상에서는, 물론 서양처럼 인
간을 만물의 영장이라고 간주하긴 했지만, 말 못 하는 짐승이나
사물에게 존재의 자리를 내주었다. 주역 64괘에는 짐승이나 사물
이 인간과 마찬가지로 등장하거나 인간보다 훨씬 더 많이 등장한
다. 그리고 화엄철학자 징관은 부처와 보살만이 설법하는 게 아
니라 중생도 설법하고 심지어는 티끌과 털구멍조차도 설법한다
고 『화엄경』에 근거하여 밝혔다. 그리하여 그는 "사물이 법을 설

---

76) 브뤼노 라투르, 『판도라의 희망』, 장하원 외 번역, 휴머니스트, 2018, p.469-p.470.

77) 김환석 외, 『21세기 사상의 최전선』, 이성과 감성, 2020에 소개되었듯이, 21세기에 들어서
서 서양철학의 인간 중심적 편견은 대대적으로 공격받고 있다. 그러나 이 편견이 서양철학
의 서양중심주의와 은밀하게 연결되어 있음을 이 책은 충분히 인식하지 못한 것 같다. 이
런 점에서 서양중심주의를 타파하기 위한 동서사상의 만남이 필요한 것이다. 그리고 이 편
견에 대한 비판은 동양에서는 새삼스러운 것이 아니다. "모장과 여희는 사람들이 아름답다
고 여기지만 물고기가 보면 물속 깊이 숨고 새가 보면 하늘 높이 날아가고 고라니와 사슴
이 보면 급하게 도망친다. 그러면 이 넷 가운데 누가 아름다움을 제대로 아는가?"(『장자』
「제물론」)

한다."78)라고까지 선언하였다. 그렇다면 서양의 관계적 존재론이 동양의 관계적 존재론에 상당히 근접하였다고 볼 수 있으리라.

그러나 서양의 관계적 존재론은 동양의 관계적 존재론에 아직 미치지 못하고 있다. 그래서 라투르는 그의 행위자-연결망 이론을 통하여 생태계 위기를 해결하려고 시도했지만 결코 해결하지 못할 것이다. 왜냐하면 그는 인간이 가축을 농장에서 길들이듯이 실험실에서 자연을 길들이려고 하는 생각을 떨쳐버리지 못했기 때문이다. 인간이 자연을 부분적으로 길들일 수 있겠지만 전체적으로 길들일 수는 없다. 그래서 우리는 다시 동양의 관계적 존재론으로 돌아가지 않을 수 없다.

우리가 자연에 순응하여 자연과 조화하여 살아가려고 할 때 말 못 하는 자연의 설법, 즉 메시지를 더 잘 알아들을 수 있다. 그러나 우리가 자연을 지배하려고 하면 할수록 자연으로부터 그만큼 더 멀어지고 자연의 메시지도 알아차리지 못할 것이다. 이런 맥락에서 우리는 서양의 관계적 존재론을 지탱하는 분석적 사고와 과학기술을 긍정적으로 받아들이면서도 궁극적으로 동양의 관계적 존재론에 바탕을 두어야 하지 않을까.

---

78) 징관, 『화엄경 현담』2, 실상사화엄학림 역, 대한불교조계종교육원, 2003, p.191.

나가는 말

오늘날 생태계의 위기는 일상생활에까지 깊이 침투하여 지구에서 사는 사람이라면 누구나 느낄 수 있다. 이를테면 지구 온난화로 홍수, 가뭄, 한파, 폭염에 지구촌은 시달리고 있다. 더군다나 코로나 바이러스의 대유행은 세계 경제를 망가뜨리고 있을 뿐만 아니라 사람들의 생활 방식도 완전히 바꾸어버렸다. 이대로 가다가는 인간이 공들여 세운 지구촌도 21세기 안에 무너질 수 있으리라는 공포가 엄습하고 있다.

2020년 8월 계속되는 폭우로 지구에서 가장 거대한 중국의 싼샤댐이 붕괴될 위험에 처했다. 이 댐이 무너지면 홍수가 몇억 명의 이재민을 발생시키고 중국 동부 연안에 있는 원자력발전소까지도 위협하는 지경에 이를지 모른다. 그렇게 되면 중국 경제는 결딴날 것이고 세계 경제도 큰 충격을 받을 것이 뻔하다. 이번에 요행히 싼샤댐이 붕괴되지 않는다고 하더라도 다음을 기약하기 어렵다. 싼샤댐은 홍수 조절 기능을 이미 상실하였고 다음에 오는 홍수를 견디지 못할 가능성이 크기 때문이다.

싼샤댐은 본래 중국공산당의 권력을 장식하기 위한 기념비적 건축물이었지만, 지금은 환경 파괴의 골칫거리로 전락하고 말았다. 자연을 지배하고 정복하려는 시도가 얼마나 부질없으며, 그 대가가 인간이 감당할 수 없을 정도로 크다는 것을 이 싼샤댐의 예에서 우리는 잘 엿볼 수 있을 것이다.

인간은 자연에 순응해서 자연과 조화하는 삶을 추구해야 한다. 자연은 인간이 욕망을 충족하기 위한 수단도, 경제적 가치를 뽑아내기 위해 착취할 대상도, 함부로 손댈 대상도 아니다. 자연은 인간 삶의 터전이자 우리의 친구이다. 그렇기에 우리는 자연을 사랑하고 생명을 존중해야 한다. 이렇게 본다면 동양의 관계적 존재론으로 문화적 전환을 이루는 일이 절실하게 요청된다. 이런 문화적 전환이 일어나더라도 굳이 과학기술을 버릴 필요는 없지만, 사실 그럴 수도 없다. 인간, 자연, 기계가 공존하고 공생하는 삶을 찾아야 한다. 이를 위해서 몇 가지 제안을 하려다.

첫째, 자본주의는 아무래도 지양되어야 할 것 같다. 자본주의는 자본가의 이윤추구와 이윤 극대화에 근거하는 체제이므로 욕망의 블랙홀을 근본적으로 회피할 수 없기 때문이다.

둘째, 인간들 사이의 사회적 관계로 민주적인 정치체제가 수립되어야 한다. 공산당 독재와 같은 정치체제는 공산당 권력의 유지와 강화를 위해 기술을 잘못 사용할 가능성이 크므로 피해야 한다. 앞으로 과학기술의 발전은 시장의 논리나 관료적인 결정을 통해서가 아니라 민주적인 절차와 토론을 거쳐 이루어지는 게 바람직하기 때문이다.

셋째, 지속 가능한 세상을 위한 노력으로는 충분하지 않다. 자연과 인간이 영적으로 교섭하고 자연과 인간의 영적인 관계가 구현될 수 있는 문화가 자리 잡도록 노력해야 한다. 그러기 위해서는 동서사상의 만남을 통하여 동양의 관계적 존재론이 다시금 부상해야 할 것이다. 서양의 기술철학에서는 아마존 원주민의 사유가 주목받고 있으나 동양의 관계적 존재론은 아예 무시되고 있다. 이 기술철학도 암암리에 서양중심주의에서 벗어나지 못하기 때문일 것이다. 아마도 아마존 원주민의 사유는 서양의 문화적 패권을 위협하지 않지만, 동양의 관계적 존재론은 그것을 위협할 수 있다고 서양의 학자들은 직감하고 있는 게 아닐까.

이미 때가 늦었고 실행 가능성이 별로 없을지도 모른다. 지구적 생태계는 돌이킬 수 없을 정도로 망가졌고, 온 세상이 욕망의 블랙홀에 빠져 있다. 게다가 서양의 과학기술과 문화는 지구촌 전체를 지배하는 보편적 척도가 되어버렸다. 그렇다고 해서 우리는 눈앞의 파멸을 뻔히 들여다보면서 무기력하게 욕망의 블랙홀에 빠져 살 수도 없다. 또한 오늘날의 과학기술과 문화에 기대를 걸 수도 없다. 그렇다면 SF영화처럼 먼 우주에 지구의 식민지를 개척하려고 할 것인가? 어리석은 짓이다. 그럴 수는 없다. 비록 실패할지언정 뜻을 모으자!

참고문헌

김기태, 『엔진의 역사』, 지성사, 2020.

김석진 역, 『주역전의대전역해』, 대유학당, 1996.

김환석, 「두 문화, 과학기술학, 그리고 관계적 존재론」, 『문화과학』57, 2009.

김환석 외, 『21세기 사상의 최전선』, 이성과 감성, 2020.

라투르, 브루노, 『인간·사물·동맹』, 홍성욱 엮음, 이음, 2018.

라투르, 브뤼노, 『우리는 결코 근대인이었던 적이 없다』, 홍철기 옮김, 2009.

라투르, 브뤼노, 『판도라의 희망』, 장하원 외 번역, 휴머니스트, 2018.

라투르, 브뤼노 & 울거, 스티브, 『실험실 생활』, 이상원 옮김, 한울, 2019.

린치, 제럴드, 『내 손 안의 테크놀로지』, 김부민 역, 유재, 2019.

마르크스, 칼, 『자본론』I상, 김수행 역, 비봉출판사, 1992.

마르크스, 칼, 『자본론』I하, 김수행 옮김, 비봉출판사, 2019.

머천트, 브라이언, 『원 디바이스』, 정미진 옮김, 매일경제신문사, 2018.

박연규, 「주역 괘의 은유적 이미지」, 『공자학』 4권 0호, 1998.

박이문, 『동양과 서양의 만남』, 미다스북스, 2017.

박준건, 「마르크스의 기술관」, 『시대와 철학』 6권 2호, 1995.

시몽동, 질베르, 『기술적 대상들의 존재양식에 대하여』, 김재희 옮김, 그린비, 2019.

양력, 『주역과 중국의학』, 홍원식 외 옮김, 법인문화사, 1993.

원효, 『대승기신론소』, 은정희 역주, 일지사, 1991.

의상, 『법성게』, 정화 풀어씀, 법공양, 2006.

이중원 엮음, 『인공지능의 존재론』, 한울, 2018.

정병석, 「주역과 역상」, 『유교사상문화연구』32, 2008.

조종화, 「부정성과 타자성」, 『헤겔연구』 제47호, 2020.

조홍길, 『무아의 새벽』, 한국학술정보, 2019.

조홍길, 『헤겔, 역과 화엄을 만나다』, 한국학술정보, 2013.

징관, 『화엄경 현담』2, 실상사화엄학림 역, 대한불교조계종교육원, 2003.

커즈와일, 레이, 『마음의 탄생』, 윤영삼 역, 크레센도, 2016.

쿠신, A. A., 『마르크스의 기술론』, 노태권 역, 문학과 지성사, 1990.

츠앙, 까르마, 『화엄철학』, 이찬수 옮김, 경서원, 1998.

하먼, 그레이엄, 『네트워크의 군주』, 김효진 옮김, 갈무리, 2019.

하이데거, 마르틴, 『강연과 논문』, 이기상 외 옮김, 이학사, 2008.

하이데거, 마르틴, 『숲길』, 신상희 옮김, 나남, 2008.

헤일스, 캐서린, 『우리는 어떻게 포스트휴먼이 되었는가』, 허진 옮김, 플래닛, 2013.

홍성욱, 『포스트휴먼 오디세이』, 휴머니스트, 2019.

홍원식 역, 『황제내경소문』, 전통문화연구원, 2003.

홍철기, 「과학기술의 마키아벨리주의자」, 『오늘의 문예비평』, 2018.

황수영, 『질베르 시몽동』, 커뮤니케이션북스, 2018.

황헌식 편역, 『김삿갓 시집』, 한빛문화사, 1982.

Conforth, M., *Historical Materialism,* International Publishers, 1982.

Hegel, G. W. F., *Wissenschaft der Logik* I · II, Felix meiner Verlag, 1975.

Heidegger, M., *Holzwege,* Vittorio Klostermann, 1980.

Klaus, G. & Buhr, M.(Hrsg.), *Philosohisches Wörterbuch,* Verlag das europäische buch, 1985.

Marx, K., *Capital* V.3, Trans. D. Fernbach, Penguin Books, 1981.

Marx, K., *Die Früheschriften,* Hrsg. S. Landshut, Kröner, 1971.

Marx, K., *Die Früheschriften* II, Hrsg. H. Lieber & P. Furth, Wissenschaftliche Buchgesellschaft, 1975.

Marx, K., *The German Ideology*, Progress Publishers, 1976.

Mclellan, D., *Marx's Grundrisse*, Granade Publishing, 1979.

Schmied-Kowarzik, W., *Das dialektische Verhältnis des Menschen zur Natur,* Alber, 1984.

조홍길

부산대에서 박사학위를 받았다.

저서로는 『욕망의 블랙홀』, 『헤겔의 사변과 데리다의 차이』, 『헤겔, 역과 화엄을 만나다』, 『나를 향한 열정』, 『무아의 새벽』이 있으며 역서로는 『기독교의 정신과 그 운명』이 있다.

현재 동서사상의 대화와 만남에 관심이 많다.

기술과 만남

초판인쇄 2020년 9월 29일
초판발행 2020년 9월 29일

지은이 조홍길
펴낸이 채종준
펴낸곳 한국학술정보㈜
주소 경기도 파주시 회동길 230(문발동)
전화 031) 908-3181(대표)
팩스 031) 908-3189
홈페이지 http://ebook.kstudy.com
전자우편 출판사업부 publish@kstudy.com
등록 제일산-115호(2000. 6. 19)

ISBN 979-11-6603-108-3 03160